がんを消す心の自然治癒力

著：がん専門医　帯津良一　＆　心の専門家　佐藤康行

〈もくじ〉

第6章　永遠の生命を悟る　佐藤康行

装丁　アーク株式会社

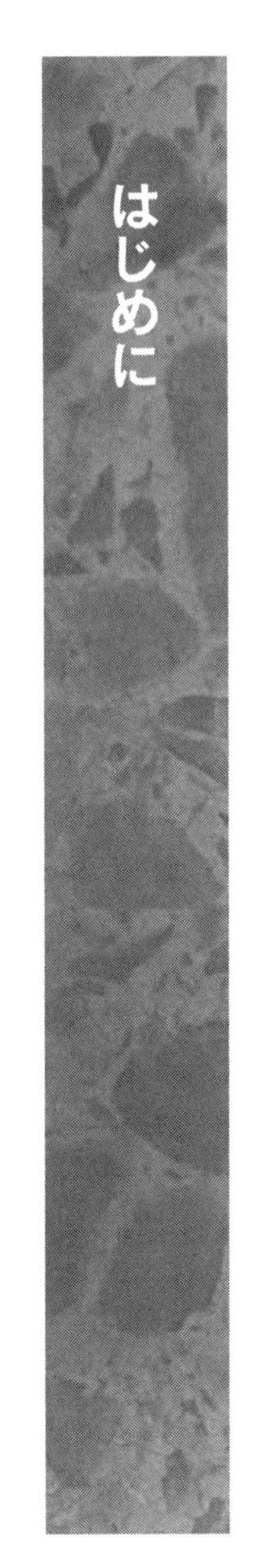

はじめに

「心のメカニズムが解明された時、がんは治る」　帯津良一

日本は今、二人に一人ががんになると言われる時代になりました。では、なぜこれほどまでにがんになる方が増えたのでしょうか？　そして、がんになる原因は、いったいどこにあるのでしょうか？

がんにかかるかどうかは、生活習慣や持って生まれた免疫系で決まると思う方も多いでしょう。確かにそれらも要因の一つではありますが、実はがんの患者さんには、自分ががんになった理由として、心に抱えた問題や高ストレス状態にあったことを挙げる方がたくさんいらっしゃいます。

私はがんが完全に治せるようになるのは、心のメカニズムが解明された時だと思っています。肉体の病であるがんですが、心の側からのアプローチが重要であること、そして医療従事者こそ、それを重々承知のうえで治療にあたるべきだということがはっきり分かってきました。

残念ながら現在の西洋医学では、がんという症状は、心の問題とは別のものとして扱われています。しかし、会社が倒産したり、離婚したり、大切な人と死別したりと、**がんと診断される前に高ストレス状態にあった方は少なくないのです。**

こういったことから、心における「思い」が、肉体の病気であるがん発症の「引き金」になるということも、納得していただけるのではないでしょうか？　逆に、がんにかかった方のなかでも、心の安定を手にした途端に良くなったり、予想より長く生きられるというのは珍しくありません。

誤解してほしくないのですが、私は何も西洋医学を否定しているわけではありません。私が長年取り組んできたホリスティック医学とは、要するに人間まるごとを診るわけですから、体に対してはやはり西洋医学がいいと判断することも多々あります。

ホリスティックとは、「全体」という意味です。例えばがんと言っても、がんの症状が出ている臓器だけではなく、体全体の関係性も診ます。また体全体とは、肉体のみならず心も含めての意味になりますから、心に対してはいろいろな心理療法を行います。そして命に対しては様々な代替療法を行いながら、死生観、人生観と、いろいろなものを育てていくのです。

また、「ホリスティック（全体）」の中には家庭環境も入りますね。さらに言えば、その人が生活する社会もあります。もっと言うなら全体の中に地球も入りますし、宇宙だって全体です。

ホリスティック医学の選択肢には、中国医学、東洋医学、心理療法、サプリメントなどたくさんあります。私の病院では、その中からピックアップして、その人に一番適した個性的な戦略を作るわけです。

この本は「がん治療の本」ですが、その冒頭で宇宙の話が出てきたことに違和感がありますか？　**いえ、本来は宇宙こそ私たち人間の生命が活動する場所であり、自然治癒力をも含めた「生命場」そのものなのですから、本当は病気と同時に論じなくてはならないのです。**

事実、私は近年、あらゆる「部分」と「宇宙全体」を統合した「大ホリスティック医学」の概念を表明しましたが、そのことによって多くの先見性に溢れる医師や医療従事者が集まってきてくれて、私の病院はものすごく活性化しました。

がんのイメージ療法で有名なアメリカのＯ・カール・サイモントン博士はこう言っています。

「私たちの本性は健康であるということを知ることとです。私たちの体は生まれながら、あるいは生まれる前から、どのようにしてがん細胞を排除するかという方法を知っています。

また、病気というものはメッセージだということを知ることとです。そのメッセージとは、あなたは本性から反れてしまっていますよ、というものです。私たちの課題は、自分自身の本性に戻ることなのです」

サイモントン博士の言う「自分自身の本性」とは何なのでしょうか？　つまり、人間の存在の本質とは何かということですが、私は人間とは単なる物質ではなく、物質を超えた「生命場」であるととらえています。

病気の中で自己実現していくには、自分の生命場を高めていくことです。どこまで高めていくかというと、「虚空(こくう)まで」です。**虚空とは仏教の言葉なのですが、銀河系宇宙をはじめ、あらゆる生命を生み出した、無限に豊かな広がりと深さを持つ場のことを言います。**

「自然界は場の階層からなる」というのを私に教えてくれたのは、分子生物学者の松本丈二先生です。それは彼だけではなく、免疫学の多田富雄先生や、場の専門家であり、東京大学名誉教授の清水博先生も言及していました。

自然界は、素粒子から虚空までずっと続く「場の階層」で構成され、上の階層は下の階層を超えて含むという原理が働いているとされています。例えば、人間という階層の下には臓器という階層があります。人間という階層には臓器の階層が持っている性質は全部入っていますが、プラスαがあって人間になっています。

ですので、人間という階層にできたがんに対して、臓器の階層で研究された西洋医学をもってすると、ファクターが多いので手を焼くことがあるのです。

人間という階層にできたがんに対しては、人間という階層に気づいたホリスティック医学をもってあたらなければならない。人間まるごととは、そういう意味なのです。そして、人間であっても臓器であっても、それぞれ上下の階層と関係していますから、下は素粒子、上は虚空まで、全部自分まるごとになってくるわけです。

つまり、がんを治療しようとしたら臓器だけでなく、人体をはるかに超えて虚空まで見なくてはいけません。なぜなら、私の命は虚空いっぱいに広がっているからです。

本書では、前半部分では私が西洋医学において「自然治癒力」がどのように扱われてきたのか、そしてホリスティック医学の確立を目指した私がどのように考え、行動し、「大ホリスティック医学」の概念にまで辿り着いたのか、そのいきさつを通じて、これからの時代にふさわしいがん治療の在り方を提示していきます。

そして後半では、心の専門家として名高いカウンセラーの佐藤康行先生に、心とがん治療の関係と、佐藤先生が行うがん治療のメカニズム、そしてその成果について存分に筆をふるっていただきます。

佐藤先生は、これまで精神科クリニックの運営やがん患者のケアにあたってこられ、全国の病院、福祉・介護施設など、数多くの医療機関へのアドバイザーを務められてきました。**私は、人間の本性を、「生命場」であり「虚空」だと述べましたが、佐藤先生はそれを「真我（しんが）」という言葉で表現されています。また、自然治癒力も真我が源であり、宇宙全体であるともおっしゃっています。**

佐藤先生が得意とされるカウンセリングの分野は、心理カウンセリングや心理療法という言葉もあるように、一般的には「心」を相手にするものだと思われています。しかし、私の行っているがん治療と同様、佐藤先生は「人間の心」という部分のみならず、宇宙そのものにも意識を向けていらっしゃいます。

私の専門である「がん治療」と、佐藤先生が得意とする「カウンセリング」では、一見すると全く別ものに見えるかも知れません。しかし私は、佐藤先生と対話を重ねていくたびに共通したものが感じられたのです。


心においても身体においても、自然治癒力を考えた時に、私たち人間のことだけにとどめてはいけません。なぜなら、素粒子レベルから虚空まで、すべては自分自身と一つにつながっていて、部分だけで見ることには自ずと無理が出るからです。

がん治療のみならず、これからの医療では患者さんをとりまく人間関係はもちろん、日本の社会や地球の自然環境を含め、宇宙全体の姿をとらえていくようになっていきます。それが「大ホリスティック医学」の本質であり、結果的にがん治療の効果となって現れることでしょう。

今、世の中の医療は大きな壁にぶつかっています。医療技術が進歩し、表面的に

「症状」を抑えることができても、根本的に解決しないケースが頻発していて、多くの医療従事者が疑問を持ち始めています。さらには、医療従事者自身が心身を病ませているケースもあるのです。

本書で私と佐藤先生が著した内容は、世間一般で言われている常識や方法論を大きく飛び越えたものです。しかし、**真の医療とは何か、真の健康とは何かを求める方にとっては、非常に合点がいくものばかりのはずです。なぜなら、医療の本質を徹底的に突いているからです。**

この本が読者の皆様とご家族の健康、そして幸福に、少なからず貢献できると確信しています。人によっては、読んだだけでパッと目の前が開けたり、いきなり元気が溢れ出ることもあるでしょう。

ぜひ、あなたのペースで読み進めてみてください。それだけで、人生に希望が出てきます。

「神秘の力、自然治癒力を意図的に発動させる」　佐藤康行

帯津良一先生の治療方針は患者さんの病気だけを見ず、患者さんご本人の性格や背負っているもの、家庭、職場環境などを徹底してヒアリングし、ご本人が納得いくように患者さんとたった二人だけで戦略会議を経て決めるという、人の心に寄り添った方針をとっていらっしゃいます。

そして帯津先生が近年提唱された「大ホリスティック医学」では、患者さんの心や置かれた環境だけでなく、ひいては地域社会、そして日本という国、さらには地球や宇宙を総括する巨大なスケールを背景とした、画期的かつ現実に活きる方法論を実践され、また、若い医療従事者の育成に非常に力を入れていらっしゃいます。

ホリスティック（全体性）とは、帯津先生のおっしゃるとおり、病気を治すだけではないと私もとらえています。帯津先生のような名医と出会うのも運であり、自分の変化が様々な運や人の縁、心身の健康を呼び寄せます。そういうことも全部含

めた、世の中をとらえる見方、まさにこれも全部ホリスティックではないかと思っています。

がんにかかった方が私のところにカウンセリングにいらっしゃった時、必ず聞くことがあります。**それは「がんになった原因で思い当たることはありますか？」ということです。これまで私がそう聞いた人は、全員が全員あると答えました。**

「では、その原因は何ですか？」と聞くと、家庭や仕事のこと、お金のことなど色々話してくれますが、**よくよく聞くと問題のほとんどが人間関係にあるのです。**特に自分と父母との関係を挙げる方がとても多く、あとは夫婦関係、そして子供との関係です。

つまり、身内との関係が一番多い。身内ですから逃げるに逃げられないですし、心の乱れ、心の葛藤をずっと抱えることになります。

がんになるということは、一回死を宣告されたのと同じです。一時最悪を感じた人たちです。最悪を感じた時に、今度は最高のものが分かってくる。一番大事なことは命なのだ、この一番大事な命を今この瞬間も生かされているのだ、この1分1秒も生かされているのだと、大きな喜びを得ながらがんを克服した方が大勢います。そういう人たちはとても明るいのです。自らの意志で、たくさんの方に体験談を話したいと手をあげてくださいます。

がんになるのでしたら、その原因がある限りがんがどんどん進行していきます。それが全部人間の心が原因だとしたら、その心が変わればがんの元が消える可能性があります。

私たちが昔かかった軽い病気やちょっとした怪我などは、ほとんど治っています。誰がそれを治したのかと言えば、それは自分の中にある「**自然治癒力**」です。**放っておいても治そうという働きが常に私たちの命の中にあるわけです。創ったままに戻そう、戻そうとする働きです。**

もう片一方に、自分が病気になるその原因、病気の元になっている力があります。

その二つの自分が綱引きしていると思ってください。病気になる方が勝てば、どんどん病気が進行してしまいます。治そうという力が勝った時に、治っていくのです。**どちらの道に私たちの意識が協力するかで、もう変わってくるわけなのです。**

では、心の自然治癒力を引き出すには、どうしたら良いのでしょうか？　そのメカニズムは簡単明瞭です。あなたは「**もともと偉大なるものを、自分の中に持っているんだ**」というところから出発する。そこからすべてが始まります。足りない部分を足していくやり方ではありません。もう全部与えられているんだということから出発です。

「**本当の自分＝真我」を開発することでがんが治るのです**。今健康なあなたでも、将来のがんの根っこを断ち切ることができます。日本では、年間で１００万人以上ががんと診断されています。それにもかかわらず、いまだ根本的な原因を解決する治療法は見つかっていません。

病気の根っこは心の不調和です。患者さんを本当の意味で救えるのは「人間の永遠の命」である「真我の目覚め」しかないのです。

私はこれまでに真我を開発することでがんが消える実証例を数多く見てきました。すべての人に宿る自然治癒力、すべての力は、あなたの中にあるのです。

がんは心の現れです。心に何かの問題を抱えていると、当然答えを求めるでしょう。今の学校の勉強も、問題があって必ず答えがありますよね？　答えはどこにあるのか。答えを見つけた。でも､それは「**問題の中の答え**」なのです。答えだと思っても、それは問題なのです。私が何をお伝えしているかと言うと、「**答えから最初に出発する**」ことです。「答え、答え、答え」と、答えから見ていきます。そうすると問題は消えるのです。

学校の勉強も、答えを先に見てから問題を見てください。問題は消えますよね？

非常に重要な点なので繰り返しますが、「答え」から見ることで問題は消えるのです。ほとんどの人は、問題の中に答えを探すわけですが、問題から見ている限り、答えは問題でしかないのです。その答えが正しいと思い込んでしまいますから、正しいと思ったらそれを譲らなくなってしまいます。**だから、「自分は問題ない」と思っている人の方が、実は問題なのです。「問題だ」と意識している人のほうが救いやすいわけです。**

「神の手を持つドクター」が執刀して、手術が大成功し、縫合して傷口がふさがるのは、自然に治す力が働くからです。それがなければ、傷口はふさがることはありません。この自然に治す力を自然治癒力と言います。生命の働きそのものであり、生命の源から出る神秘の力です。

この力を引き出すことができれば、人間の抱える病をもっと早く、確実に治癒させることが可能になります。人間の生命の源から出る「神秘の力」である自然治癒力は、体や心の病、苦しみ、トラウマ、問題、不安、心配、ストレスなどのすべてを根本的に解消することができます。

心身に何かの不具合があれば、そのすべてを元の状態に戻そうとする働きなのです。その自然治癒力を意図的に発動させ、引き出す方法を体系化したのが「YS（Yasuyuki Sato）メソッド」です。**このメソッドは、誰もが持つその自然治癒力を最短最速で発動させる、世界初の画期的な治療法なのです。**

第1章「自然治癒力」とは何か？

帯津良一

「自然治癒力」とは何か?

自然治癒力研究の歴史

私はこれまでの58年間、医者としてがんの世界に身を置いてきました。もともと外科医で20年、ホリスティック医学を38年、合わせて58年ということになります。ホリスティック医学はアメリカで始まりましたが、ホリスティック（Holistic）の語源は「ホロス（Holos）」というギリシャ語にあり、「全体」という意味です。

つまりホリスティック医学とは、人間を丸ごと扱う医学なのです。人間の体だけでなく、心や命が一体となった、そっくりそのままを丸ごととらえる医学なのです。

西洋医学が現代に通ずる形になってきたのは、19世紀の終わり頃です。フランスの細菌学者であるルイ・パスツールが、分析的な医学を完成させたわけです。現代までに百数十年が経過しましたが、西洋医学はまだ「命とは?」というテーマについては、ほとんど手つかずの状態です。命を高めるのは癒しの技術で、これは東洋医学がやってきたのです。

しかし東洋医学と言ってもいろいろで、例えばインドのアーユルヴェーダは我々から見ると曖昧すぎます。中国医学のほうが、西洋医学とは一線を画しながらも西洋医学に近いところがあるのです。もちろん、ホリスティック医学の範疇には中国医学、アーユルヴェーダの両方が入ってきますが、それのみならず他の代替療法もすべて包括してやるわけです。民間療法に毛が生えたような治療法もたくさんありますが、そういうものもバカにせず取り上げていくわけです。

やっぱり一番大切なのは、自然治癒力です。自然治癒力と一口に言っても、その概念があまりはっきりしないところもあり、免疫力と自然治癒力を混同してる人も昔はたくさんいたのです。この辺を分けていかなければならないのですが、**まず免疫力というと体内の免疫システムが「自己」と「非自己」に分けて、病原菌などを攻撃します。この「非自己から自己を守る」というのが免疫力です。自己にこだわ**

る世界なのです。

そうすると、仏教で言われる唯識の、末那識になってくるのです。唯識とは、すべての現象はそれを認識する心の現れであるという意味です。末那識とは、人間の心を8層に分けたときの、7番目の層を指します。心の8つの層は、6つの表層と2つの深層に分けることができます。その6つの表層のうち、第1から第5までは五感の世界です。見る、聞く、嗅ぐ、味わう、触れるですね。

第6識が心、意識なのですが、どうも心そのものでもないようです。どちらかと言えば、ホリスティックに近い命のほうも少し入っている。そして第7識が末那識です。末那識はあくまでも自己にこだわるそうで、これが免疫だと思われるのです。

第8識の阿頼耶識は末那識を超えたところにあるのですが、これが自然治癒力だというのが私の考えです。整理しますと、末那識が免疫、阿頼耶識が自然治癒力であるということで、その差を説明してきました。

本当は自然治癒力そのものを医学的にも明確に説明しないといけないのですが、現代の医学事典を見ても自然治癒力という言葉は載っていません。しかし、歴史的にははっきりしています。自然治癒力を最初に提唱したのは古代ギリシャの医聖、ヒポクラテスです。

ヒポクラテスは紀元前４００年頃の人物ですが、それまでの医学はシャーマンの医学だったわけです。要するに悪魔が取りついたから病気になったと考えられていて、悪魔払いをして病気を治していたのです。

そこへ現れたヒポクラテス一派が、病の原因はやはり人間の体、生活、このあたりをしっかり見て、そこに原因を求めて治していく、経験医学というものを提唱しました。

それがヒポクラテスの非常な功績になっているわけです。

彼は、病気を治す力として、どの人の体の中にもネイチャー（Nature）というものがあると提言しました。ネイチャー、自然ですね。ヒポクラテスの言ったネイチャーが、自然治癒力を直接現す言葉ではありませんが、自然治癒力の概念を伝えた一番の発端だろうと思います。

自然治癒力という言葉はラテン語で「ビスメディカトリックス・ナテュラエ（Vis medicatrix naturae)」と言います。ラテン語が使われていたのはローマの時代ですね。ローマ時代の名医と言えば、宮廷の典医だったガレノスです。ガレノスがそう言い出したかどうか、確たる記録はないのですが、とにかくガレノスに代表されるローマの一派が言い出しのではないかと思うのです。

そして中世の怪医と呼ばれる、パラケルススという人がいました。この人はなかなか魅力的な人なのですが、自然治癒力を非常に追究していた人なのです。結局、自然治癒力は西洋医学の歴史とともに時を刻んできたわけですが、1628年にイギリスの生理学者ウィリアム・ハーヴィが『血液循環の法則』という本を書いたのですね。人間というのは心臓の力で生きている、心臓が血液を送り出し、全身を巡って心臓へ帰ってくることを発見したのがハーヴィです。だから自然治癒力なんていう言葉はいらないという意味の発言をして、そこで自然治癒力が一旦影をひそめることになりました。

ただ、誰でもかすり傷が自然に治ることぐらいは知っています。ましてや、まだこの時代では外科治療が十分に行われていませんでしたが、**手術して患者さんが治るのは自然治癒力のお蔭だということを外科医は知っているわけです**。傷を糸で結んだからといって治るわけではなく、自然治癒力が働くまでのちょっとの間、ずれないように置いておくのが手術なのです。外科医はみんな自然治癒力の恩恵を受けていることを知っていますから、自然治癒力の研究が歴史から消えたわけではありません。ウィリアム・ハーヴィのために一度は地下へ潜りましたけど、また必然的に表へ出てくるわけです。

私はこれまで、自然治癒力について唱えられた説をたくさん研究してきましたが、皆さんあまりたいしたことは言っていないのです。だから私は「何を言っても怒られないな」と思って、勝手に自然治癒力とは何かを定義しました。

自然治癒力というのは、体の中にある「命の場が本来持っている能力である」と私はとらえています。命の場の持っているエネルギーが生命です。これが低下した時に、これを回復すべく働く、その生命の場が持っている本来的な力が自然治癒力なのです。免疫力と自然治癒力、両方とも大切な力だということです。

西洋医学一辺倒を捨てた！

振り返ってみると、私はこれまで色々なものを捨ててきました。その中でも「西洋医学一辺倒」を捨てたのは、私にとって最も大きなことではないでしょうか。

東京大学医学部を卒業したのが、1961（昭和36）年のこと。同附属病院第三外科に所属しました。もともと私は食道がんの手術を専門にしていました。食道がんの手術といえば、かつては術後1か月以内に合併症で亡くなるケースが非常に多い悲惨なものでした。私が医者になりたての50年以上前は、それは大変な手術でもありました。大学の教授しかやらない、難しい手術だったのです。

私がかつて外科医をやっていた時は、患者さんの心の問題に関してはあまり興味がありませんでした。実際のところ、患者さんの心に興味がない医者というのは半人前もいいところなのですが、当時は「いかにいい手術をするか」というのが我々の頭の中にありました。

いい手術とは、手術時間が短く、出血がなく、術後の合併症が少なく、そして本来の治癒へとよく至ってくれる。これこそがいい手術だと思っていたのですね。まして手術中には麻酔がかかってますから、患者さんの心はあまり関係ないわけです。

その後、共立蒲原総合病院を経て、1975年、東京都のがんセンターといえる都立駒込病院に赴任しました。当時、有楽町に都庁があり、そこで辞令を受け、その足で駒込病院に向かいました。

五月でしたから、真っ青な空でした。私は感慨深い思いで、建ったばかりの駒込病院の前に立ちました。その頃は、西洋近代医学の発展が目覚ましく、日進月歩で新しい治療法、新しい治療薬が開発されていました。がんの手術の成功率も非常に高く、比較的安全な手術になっていました。時間も短くなって出血も少なくなって、術後の合併症も少なくなったのです。

駒込病院は日本一の設備が整った病院だったので、本当に安全な手術を行っていたと思います。「この手でがんを撲滅してみせるぞ」という野望に燃えていました。ものすごい集中治療室があり、最新の呼吸器なんかがいっぱいありました。術後に患者さんがそこへ入ると、看護婦もよく教育されていますから、実に鮮やかに集中治療室から出させてくれるんですよね。

そこまでは非常に良かったのです。ところが、その野望はもろくも崩れてしまいました。なぜか再発する患者さんが一向に減らないのです。安全な手術をいくら完璧に行っても、数か月後には再発して、大勢の患者さんが戻ってくるというのは、決して珍しいことではありませんでした。

それがきっかけで、どうしてそうなるのか考え込んでしまいました。5年生存率が20%以下で、再発率の下がらない医療に疑問を持ちました。いろいろ調べてみました。**すると、過去50年間、ほとんど5年生存率が変わっていないことが分かったのです。これには衝撃を受けました。**

どうしても、西洋医学には限界がある。

では、西洋医学の限界は何でしょうか？

まず、西洋医学は病気の局所を見ることにおいては非常に長けた医学です。しかし、その局所と隣の部分との間にある見えない関係、あるいは人間丸ごととの間にある関係、こういったことにあまり関心がないのです。私には、どうも限界の元がそのあたりにあると思われました。

それなら、関係を見る医学を合わせれば、もう少し治療成績が上がるだろうと考えたわけです。関係を見る医学と言えば、誰もがすぐ気づくのは中国医学です。中国医学は、例えば心臓と肝臓の関係を見る医学ですよね。

西洋医学は、全体を見るよりも局所を見ることに長けていると述べました。臓器であれば、心臓そのもの、肝臓そのものを見るのは西洋医学のほうが上手ですけど、この関係を見るのが中国医学です。その関係の基本的な原理を説明するのが陰陽学説、五行学説です。

当時、中国はまだ閉ざされた国でしたが、生存率が高く、陰陽説など部分と部分のつながりを診る中国医学が実績を上げていることに注目し、中国の医療機関ではどのような治療を行っているのか、この目で確かめたいと思うようになりました。

私は東京都と北京市が姉妹都市であるということが分かっていました。ですから東京都の衛生局にお願いして、中国医学がいかにがんの治療に貢献しているか、北京に行って見てみたいと申し出たのです。

そうしたら「すぐに行ってこい」と、拍子抜けするぐらい簡単に北京市がんセンターの招へいを取り付けてくれて、中国へ渡ることができました。15日間という短い期間でしたが、北京と上海の主な病院を見てまわり、漢方薬や鍼灸によって非常に成果が上がっているのを目の当たりにしました。

また、気功を応用してがんの再発を予防していることなどを知りました。これまでのがん治療に中国医学を合わせることは間違いではない、という強い確信を得て、意気込んで日本に帰ってきたわけです。

そこで、駒込病院で中国医学と西洋医学を合わせた中西医結合のがん治療を始めたのですが、これがなかなか難しい。とは言え、誰かが邪魔するわけではないのですが、患者さん自身にがんが中国医学で治るという意識がないのです。漢方薬や気功を始めましたが、冷ややかな目で見られて、誰も相手にしてくれませんでした。

医療者が相手にしないのは最初から分かっていました。それだけならいいのですが、患者さん自身、新しい医学に理解を示してくれなかったのです。これには参りました。

「漢方薬なんて風邪に葛根湯（かっこんとう）、それから更年期障害に加味逍遙散（かみしょうようさん）。これは分かります。でも、がんは無理でしょう」と、患者さんにそう言われると、こちらも何とも言えません。がっかりしてしまいます。半ばあきらめる気持ちも出てきました。

そういう時代ですから、駒込病院で推し進めるのが非常に難しい。駒込病院には、最先端医療を求める患者さんたちが来ていました。ですから、気功などさせてもびっくりしてしまうわけです。

それでも、「将来は、総合医学になるのではないか」との予感がありました。ならば私は自分がワンマンになって、人の意見など聞かずにやっていければ、そのほうが早いだろうと思ったわけです。

ということで、1982(昭和57)年、自分の郷里の川越に帯津三敬病院を設立しました。「いずれ東から風が吹く」という心境でした。本当は「中国」医学ですから、日本から見ると「西」なのですが……。

他の病院と違うところは、病院内に道場を作ったことでした。誰もが、「病院に道場とはどういうことだ」と疑問に思ったようです。反対した人もいました。私はあまり自己主張はしない方ですが、これだけは妥協できませんでした。

今でもその道場はあります。でも、手狭になってしまって、同じ敷地内ですが別棟を建てました。昔の倍くらいの大きさです。そんな状態で、西洋医学にプラスして、漢方薬や鍼灸、気功をやる病院ができ上がったわけです。2009(平成21)年に新病院を造って移転して以来は、昔の五倍くらいの大きさになりました。

西洋医学と中国医学との結合ですから、中西医結合医学と呼びました。先にも述べましたが、決して西洋医学を否定しているわけではありません。手術したほうがいいと思われる患者さんには、そのように伝えてもいます。

ただ、西洋医学だけでは限界があるからこそ、新しい病院を設立したのです。最善は何かを、医師と患者さんと一緒に話し合っていくことが、何より大事なことなのです。

人間は明るく前向きにはできていない

漢方薬は弁証といって、症状に応じて薬を調合します。弁証の一番の基本は、患者さんの顔を見ることです。顔をまじまじと始終見ていると、心が少し読めてきます。そしてもう一つは、私は中国へ行った時、中国医学のエースは気功だと直観的に思ったのですね。それで気功の道場を病院に併設しました。

気功は毎朝、患者さんの真ん中に私がいて、円陣を組んでやるわけです。私のほうを見ないと気功のやり方を覚えられませんから、一生懸命見ています。彼らがこちらを見る顔が、私にも見えています。同じ顔を毎朝見ていると、「あれ？　この人、ちょっと元気がないな」とか、「あれ？　ずいぶん明るくなったな」ということを感じるようになったのですね。

それで、心と病状の間には推移といいますか、やはり関係があると感じてつぶさに見るようにしていきました。

しかし、私はここで大きな過ちを犯したわけです。**明るくて前向きな人が病状が**

よくなると判断したわけですが、実はそうではありませんでした。反対に、病状がよくなるから明るく前向きになったのでした。

そして「明るく前向きな心を患者さんにしっかりと維持していただくには、我々がそのための努力をしないといけない」と思ったのです。

このことをホリスティック医学協会の若手だった心療内科の医師に話したところ、身を乗り出してきました。「私を常勤で雇ってください」と言うのですね。そして彼を中心にして若い女性の心理療法士さん2人とともにチームを作って始めました。

最初はがんの心理療法と言っても、どこから手を付けていいか分らないので、彼らは困ってしまったのですね。それで私が、アメリカにいるサイモントン博士のことを教えました。サイモントン博士はサイモントン療法という心理療法を開発した方です。

調べたところ、サイモントン療法を日本に紹介した近藤裕先生という先生が日本に住んでいることが分かりましたので、すぐ連絡をとってスーパーバイザーとして来てもらったのです。それで心理療法のチーム活動が本格的に始まったのですが、私は直接チームのメンバーではなかったものの、病棟回診をしたときに心理療法の成果は分かります。

正直なところ、「どうも違うな」という気がしてきたのですね。人間は明るく前向きにはできてないということが分かってきました。じゃあ、人間の本性はどうなのだろうか？　どこをどうすればいいのか？　それを知るために、まずは人間を観察するようにしたわけです。

悲しみこそ人間の本性

私が人間観察をしたのは、お蕎麦屋さんでした。夕方まだ日のあるうちに、お蕎麦屋さんで一杯飲むのが好きなのです。日があるというのが大事なのですね。開業してからも都内で会合があったり、あるいは講演を頼まれたりします。すると帰り道、まだ病院に戻るにはちょっと早いなという時は、お蕎麦屋さんに寄って一杯飲んで帰ってくる。

お蕎麦屋さんには、中年のサラリーマン風の人が1人で飲んでいる人が必ずいます。恐らく仕事で外へ出て会社へ帰る、あるいは家へ帰る途中で、私と同じように一息入れているのでしょう。そういう人を観察していました。こちらも1人ですから、誰ともしゃべりません。

よく観察していたら分かりました。どの人も普通の顔をして飲んでいるのですが、肩の辺りに哀愁が漂っています。それで私は「ああ、これだ」と思ったのですね。**人間の本性は哀愁だ。つまりは、悲しみであるわけです**。

そこにたどり着いた私が本を漁ったところ、小林勇さんという岩波書店の社長だった人が、文芸春秋から『人はさびしき』といういいエッセイ集を出しているのを見つけました。これは勉強になりました。

それから、もう一つは山田太一さんの『生きるかなしみ』もいい本です。山田太一さん、実にいい方で対談もしたことがあります。この本は生きる悲しみをテーマにしたエッセイ、あるいは短編小説が集められているんです。山田太一によるその序文とも解説文ともつかない文章が一番トップにあって、そこで彼はこういうことを言ってます。

「生きる悲しみといっても特別なものではございません。生きることにそもそも悲しみがつきまとうのです」ということを述べていらっしゃるんですね。分からないでもないのですが、これだと先へ進めない感じです。

そうしたら、最後に作家の水上勉さんがエッセイを書いているのです。この人はだいぶご家族のことで苦労したらしく、ご家族の話から生きる悲しみについて本当に切々とした文章を書いています。

この中で彼が言っていることを私なりの言葉も加えてお伝えします。

「我々はあの世から1人でここへやってきて、また死んで、またあの世に帰ってくる孤独の旅人である。旅人は旅情を抱いて生きている。旅情というのは喜び、悲しみとか、あるいは寂しさと気持ちが前向きになるものとか、いろいろな感情が錯綜した、しみじみとした旅の思いである」ということなのですが、**つまり私が感じていた悲しみとは旅情であると分ったのですね**。

それから私はいろいろ旅情にふけるようになりました。私は北海道から沖縄まで全国、講演に行きます。帰りに空港や、あるいは新幹線なら駅のレストランで、1人で40分ほど酒を飲んでから帰ってくるのですね。生ビールを2杯飲んで、それからその土地の焼酎のロックを2杯。それだけ飲んで立ち上がるとちょうど40分と決まっています。

飲み終わるまで、自分の来し方、行く末、いろいろ人生を考えたり、あるいは患者さんや家族のことを考えたりするわけです。

そうすると、やはりどうも旅情の根底には悲しみがあり、それが人の本性なのだと分かってきました。そう分かったので、これは別に患者さんだけが悲しいわけじゃない。同じ人間ならば皆悲しい。だから、お互いに悲しみを抱いた者同士、そっと寄り添う。私の病院のスタッフにそういう話をして、とにかく寄り添い、相手の悲しみを敬い、自分の悲しみを慈しむ医療を目指すことにしました。

これで医療は本来のぬくもりを取り戻すだろうと言って始めて、実現するまで20年かかりました。20年かかってもまだ十分ではありませんが、さすがに変わってきたと感じます。

つまり医療とは、心の問題が大事だということが分かってきました。患者さんと、とにかく心の問題を話し合いながらやっていくわけですね。また、自然治癒力や免疫力を高めるためには、心のときめきが大切なのです。それに関しては50年かかって分かったわけですが。

心のときめきは「生命の躍動」

それで私は、先ほど申し上げた患者さんとの戦略会議の時に、養生のところから入っていくのです。なぜかというと、人間丸ごと見るということは、肉体というところが、心も含めて形の上では体、心、命ですが、時間的に考えれば医療ではなく、病というステージだけでもなく、生老病死、死後の世界まですべて相手にしなくてはなりません。

そうなると、**今までの医療という枠組みには収まりきれない養生の部分が必然的に出てくるのです。医療と養生の統合から入っていくわけですね。**まず心の養生、そして食の養生、気の養生です。

では西洋医学で何ができるかも考えます。手術ができるのか、抗がん剤ができるのか。また、中国医学で漢方薬はどうなのか。さらには針灸はどうなんだ、気功はどうなんだ。そして西洋の代替療法のホメオパシーはどうだ、オステオパシーはどうだとか、そういうことを話して戦略を決めていくわけです。

ただし、最初に話し合うのは心の問題です。最初に、「とにかく心の問題の解決には、ときめきのチャンスを必ずつかんでくれ」と伝えます。

では、どうしてときめく心は自然治癒力の、あるいは免疫力の向上につながるのでしょうか？　それについては、フランスの哲学者であるアンリ・ベルクソンがちゃんと書いてくれています。**ベルクソンは本の中で、「生命の躍動」ということを言いました。これは心のときめきなのです。生命の躍動で、内なる生命場のエネルギーが高まるわけです。**

そして躍動した命が外へ溢れ出ると、我々は大いなる喜びに包まれます。この喜びはただの快楽ではなく、必ず創造が伴われています。創造とは、イメージの想像ではなく、クリエーションです。

では、何を創るのでしょうか？　芸術家や学者が行う創造を超えて、「自分の力をもって自己を創造するのである」というところまで、ベルクソンは一気に行くのです。その喜びの中に、終わりなき自己実現の道が内蔵されているのです。それなら治るだろうと、私は直観的に思いました。

江戸時代の禅僧、白隠さんは「生きながらにして虚空と一体となれ」と言っています。そして、金剛不壊（こんごうふえ）とも言っているのですが、これはダイヤモンドのように強固な、絶対壊れない大仏心を生きながらにして完成しなさい、仏心になりなさいということです。

要するに自分の自己実現として、あるいはただ1回の人生をいかに楽しむかということです。これが大事なのです。江戸時代の儒学者である貝原益軒は、「道を楽しむ者は命長し」という言葉を遺しています。道を楽しんでいかなくては、ということです。道を修行していくのでは、せっかくの人生、辛いだけになってしまいますから、そうではなくて楽しみながら前へ進むのです。

認知症というのは老化ですから、絶対みんな避けられません。だから、楽しみながら抵抗していけばいいのですよ。なるべく異性と遊んだり、酒をいっぱい飲んだりして、楽しみながら抵抗して、それでいつか倒れる。これでいいのです。

生きることは天からの授かりもの

さて、道を楽しむ心というのは、自分のことですね。だけど、我々は社会的な生き物ですから、絶対に人のことも考えなくてはいけません。そのためにどう生きればいいかを説く、アインシュタインの言葉を紹介します。

「**人は自分以外の者のために生きられるようになって、初めて生のスタートを切る**」

自分自身に向けたのと同じだけの関心を仲間にも向けられるようになった時が、人生のスタートだと言うのです。仲間に対する配慮の重要性を説いているのですね。

その後に、生きるということは、ある意味では授かりものだと。天がくれたものだと。これを受け取るのであれば、お返しをしなければいけないですね。そうでなければ、私たちが今こうしてここにいることの説明がつかないということです。ここにいられるということは、我々は授かりものに対してお返しをしているのだと。いやあ、いい言葉です。これは後で分かったのですが、ナチに迫害されたアインシュタインは、1933年にアメリカへ亡命しました。その時の体験を彼は語っているのです。ユダヤ民族がいろいろな迫害に耐えてここまでやってきた。「今も我々は頑張らなくてはいけない。そして先輩たちがやってきたことを振り返ってみると、やっぱりみんな仲間のことを考えていたからやれたんだ」ということを1936年頃、手紙を仲間に送っているのです。今というのは、ナチに迫害を受けてる頃のことです。

アインシュタインが遺した言葉からその意味を考えられれば、大抵の心の問題のこと、そして社会の一員として、自分自身どう生きていくのかを考えていけると思います。

心のゴミをきれいにする

物事の秩序が乱れていくことを、熱力学の用語で「エントロピーが増大する」と言います。例えば、きちんと整理整頓された部屋であっても、生活するうちに散かっていきますね。極めて芸術的価値の高い陶芸品も、そのままの形で永遠に存在し続けることは不可能です。このように、すべてのものの秩序は乱れるようになっているとされているのです。

私たちが、毎日、元気に生きていけるのは、体内で増幅するエントロピーを、汗や涙、吐く息、排泄物などのかたちで、体外に捨てているからです。エントロピーは、人間が生きていく上でどうしても生まれる産業廃棄物のようなもので、生活習慣や食生活のあり方で増大するとがんが発症したりします。

がんの成長は、人間の正義とか生化学的なものと全く関係ありません。要するに、エントロピーが上がってきて、逃げ場がなくなり塊を作るのではないかと思いました。反対に言えば、エントロピーを下げて、秩序性を高めるのが一番の予防法になります。

がんのエサは、我々が食べる物の中にあると思います。ただし、どういった食生活が良くないのかは、まだまだ議論の余地があると考えています。確かに肉食中心になってきた世の中と言われていますが、平均寿命もどんどん延びてるという面では、肉食のプラス面も見逃せません。

東京都の健康長寿医療センターでも、健康長寿のためには肉を食べるべきというガイドラインを発表していました。実は、私は野菜が大嫌いなんです。特に生野菜が嫌いで、「あれはキリギリスが食べるものだ」と言って手を出さないんです。するると患者さんはみんなびっくりするんですね。ですから私は、何を食べるかよりも、喜んで食べればいい、ときめいて食べればいいとお伝えしています。

私は血圧が高いのと痛風があるので、この症状に関しては薬を飲んでいます。でも食事はある程度自由に、塩気もどんどん取るし、お酒も飲みます。医者がこうやってお酒を飲むので、それで患者さんも安心してもらえることが多いわけです。健康な食事とは肉を食べてはだめだとか、そういうのにすごくこだわる人がいるんですが、こだわりすぎでストレスになってしまうなら問題です。

例えば昼間からお酒を飲むにしても、それでのびのびやれるなら、そのほうが心の状態としてはいいですし、自然治癒力も発揮されると思いませんか？　それに、無病息災よりも一病息災の方が、「あまり飲んではいけない」という意識が働くので、おのずから節度がある飲み方になります。ということは、**どちらかと言えば怖いもの知らずでいるよりも、一病あった方がいいという見かたもできます。一病あった**

ほうが、心のときめきと節度がうまくバランスが取れるのです。

また、過度の精神的ストレスも、がんの重要な原因の一つとされています。ストレスは、「心のゴミ」と言ってもいい。この心のゴミを捨て、反対に心をときめかせることがとても重要なのです。私は長年のがん治療の現場での体験から、心のときめきが、免疫力、自然治癒力を高める要因だと確信しました。

心のゴミは、気功でも消えていきます。気功には、調身、調息、調心という3要素があります。「身を整え、息を整え、心を整え」ということなのですが、**心を整えていくということは、心のゴミをきれいにすることです。**

気功の調心は、どこにも心を置かず、自由にしておいて、どこへでも行けるようにするというものです。

徳川将軍家の指南役だった柳生宗矩（やぎゅうむねのり）が、「勝たんと一筋に思うも病なり」という言葉を遺しています。また、禅僧の沢庵和尚は自身が記した『不動智神妙録（ふどうちしんみょうろく）』の中に「剣禅一致」、つまり剣の道も禅の道も究極までいけば到達点は同じであると説いています。剣の道とは、禅で言う「無念無想」の境地に通じているというわけです。「無念無想」とは、心はどこにも置くな、どこにも置かなければ、どこにもあるということで、それが気功の心なのですね。

心はすぐにどこへでも行けるわけですが、私なりの伝え方で、患者さんには「何となく遊ばせておけばいい」と言っています。何かの時に「パッ」と集中できればいい。そのくらい気楽に構えていればいいのです。

私たちは虚空からの旅人

私は大学の時、空手をやっていました。卒業後、外科医になってからは忙しくて空手などとてもできませんでした。しばらく武術から離れていましたが、ある時、八光流柔術に巡り合ったのです。これは経絡武道と言って、攻撃点が治療点といいますか、針灸の経穴や経絡に手がかかった時、臍下丹田の気を一気に持っていき、瞬間刺激を与えて倒すのです。

これに強くなるために調和道の丹田呼吸法を学び、これが後で役に立ちました。

それから北京に行ったものですから、すぐ分かったのですね。

医療と武術には、共通する部分があります。私は駿台予備校で、医学部を受ける人たちに20年間講義をしていました。共通するどころか、「医療は格闘技だ」と。いつも「本当に患者さんをサポートするには、パワフルでなきゃいけない。絶対に負けないつもりでやれ」と言っていました。

しかし、パワフル一辺倒でもいけません。バルネラブルと言うのですが、患者さんと同じ地平に立たないといけませんから、患者さんと同じぐらい弱々しくなることも必要です。バルネラブルとは、哲学者の中村雄二郎先生が『臨床の知とは何か』というい本を書いているんです。その中に、「癒しを行う者はすべからくバルネラブルでなければいけない」という言葉があり、まさにその通りだという想いで、将来の医療を志す若者に伝えていたのです。

心のときめきとは、内なる生命場の小爆発です。先にも述べましたが、哲学者アンリ・ベルクソンが言った「生命の躍動」です。**小爆発によって、生命エネルギーが体外に溢れ出ます。その際、一緒にエントロピーも溢れ出て、体内のエントロピーを一気に減少させるわけです。**

私の病院に来る前に、「もう治療法がありません。あとは緩和ケアです」と言われた患者さんもいます。医者にそう宣告されてしまった後ですから、「いくらときめきが大事と言われても、それは無理です。私はあちらの病院を出る時に、余命宣告されたんですよ。ときめいてなんかいられませんよ」と言うのですね。

そのような患者さんに対しても、私は「いや、それは分かる。分かるけど、絶対できない話じゃないので、努力してみようじゃないか」と伝えています。

すると患者さんは必ず、「先生がどういう時にときめくか、教えてください」と言ってくるのですが、私は患者さんの年齢や病状を診て、「この人にはこれがいいな」というのを引き出しから出して話をします。

場合によっては、「虚空」の話をすることもあります。私たちは、虚空からの旅人です。遠く150億年の旅の果てに、ただ一人この地球上に降り立った、そのかなしみ、さびしさ……。

生きること、そのことが悲しいものだと思ってしまえば、これ以上落ちるところはありません。この盤石の大地に、希望の樹を育てていくのです。しかも、その希望はいくつあってもいい。

がんの患者さんの場合なら、さしずめ、病が完治するという希望でしょう。しかし、これはそう簡単に叶えられるものではありません。それはそれとして、心の奥底に抱きながら、もっと実現可能な希望を併せ持つことが大事だということが分かってきました。今日よりも良い明日へという希望です。そして、この希望が達成されたとき、心はときめきます。

心がときめくと、自然に明るくなります。心のときめきからくる明るさは、無理に振る舞う明るさとは違います。本心から出ている明るさなので、たとえ一時的に落ち込んだとしても、すぐに笑顔を取り戻せます。

第2章　「場のエネルギー」と「戦略会議」　帯津良一

「場のエネルギー」と「戦略会議」

自然治癒力を高める医師、下げる医師

余命宣告をされたら、ほとんどの患者さんは絶望し、目の前が真っ暗になってしまうのではないでしょうか？　患者さんへの説明も、医療のうちです。信頼関係を築く礎になるものですから、当然のことです。

また、医療は互いの悲しみを敬い合うことから始まると私は考えています。医師と患者さんに信頼関係があればこそ、医療の場は高まるのです。それによって、患者さんの自然治癒力や免疫力も高まり、治療効果が上がるわけです。

そういったことに思いを至らすこともなく、平然と余命宣告をするような医師は、患者さんの方から捨てたほうがいいのではないでしょうか？

なぜなら余命宣告とは、「やるべきことは、すべてやりました。もう打つ手があ

りません」と、患者さんを見放したようなものだからです。患者さんとの信頼関係を、医師自らが壊す行為だとも言えましょう。

私は、余命宣告をしたことが一度もありません。昔の勤務医時代でしたら、「余命を確定できるのは、医学の進歩」とばかりに、患者さんに伝えていたかもしれません。しかし、がんを知れば知るほど、命の予測をしてはいけないと思うようになりました。

なぜなら、あとどれくらい生きられるかなどということは、どんな優秀な医師にも分かるはずがないからです。

はっきり分からないことを断言して告げ、患者さんの希望を奪ってしまう。このような医師は、思い上がりも甚だしい。傲慢です。知識や経験上の勘、統計などで余命を語れるものではないのです。

告知されたら、「それは中央値ですか。最頻値（さいひんち）ですか」と聞いてみたらいい。答えられる医師はそういません。何が起こるか分からない、前例のないことがいくらでも起こってくるのががんです。

年齢の近い同性の患者さんが同じがんにかかったとしても、全く同じ経過を辿るということはありません。稀なケースですが、大した治療をしなくても、がん細胞が消えてしまう人さえいるのです。

がん治療に、これをすれば必ず治るというものはありません。反対に、これをやらなければならないというものもありません。まさに、がんはミステリアスな病なのです。誠実に取り組めば取り組むほど分からなくなる、がんとはそういうものだと思うのです。

だからこそ、どんな治療法をやってもいい。希望もあるわけです。

確かに、医師の宣告どおり亡くなる患者さんもいます。しかしそれは、暗示にかかって希望や意欲をなくしてしまった結果と考えることもできる。これは私だけの考えではありません。アメリカのがんコントロール協会のフランク・コウジノウ副会長も、同じことを言っていました。また、がん治療成績の向上を阻んでいるのではないかとも。

もし余命を告げられていなければ、様々な治療法にチャレンジしたり、生きがいを見つけて延命できたかもしれません。現実に、余命数か月と言われた人で、何年も元気でいる患者さんは、少なくないのです。

ですから、心ない医師から言われた余命宣告を信用する必要はありません。聞き流せばいいのです。

治療方法がもうないと諦めるのは、西洋医学しか知らない医師だからです。化学療法や放射線療法、そして手術ぐらいしか戦術がない。

体の中にも「場」があって、これを私は「生命場」と言っています。生命場にもそれぞれ階層が存在し、上の階層からみていくと、人間という場があり、臓器の場があり、組織の場、細胞の場、遺伝子の場、さらに分子の場、原子、素粒子まで行き着きます。

がんは人間という階層にできた病気です。それにもかかわらず、臓器という一つ下の階層に築かれた西洋医学をもってきても、手を焼くのは当たり前のことです。本来は、人間という階層に医学を築かなければいけないのです。それが、「人間まるごと」対象とするホリスティック医学というわけです。

私の病院には、進行しすぎていて、手術をしても意味がないと思われる人も来ます。そのような場合、「手術で治るというレベルを超えていますが、不快なら手術しますよ。ただ、摘出しても病気が治ったことではありません。自然治癒力を高めるライフスタイルを心がけましょう」と伝えます。

ホリスティック医学には、気功やイメージ療法やホメオパシー等など、治療法はいくらだってあるのです。ですから、諦めることなく、希望を持っていいのです。希望も、場を高めます。場が高まれば、自然治癒力が高まります。

病院の「場のエネルギー」はこれで決まる!

あなたは病院を選ぶとき、雑誌の特集記事やその手の本を読んだりするかも知れませんね。しかし、その情報はあまり参考にならないでしょう。もっともらしいデータをあれこれ並べてはいますが、極めて皮相的な情報に過ぎないものが多いのです。

患者さん側からは、病院への不平不満として、「3時間待ちの3分間診療」「モニターに映る画像やパソコン上のデータだけを見て、触診すらしてくれない」などといった声をよく聞きます。

増してやがんは、このような機械的な診察や治療では不十分なのです。

そうは言っても、いい病院の選び方が分からない方もいるでしょう。**病院を選ぶ上で最も大事なことは、病院全体の雰囲気だと私は思っています。**

用事があったり、知り合いのお見舞いで他の病院に行くことがあります。病院の中へ入った途端、エネルギーを感じます。「お、これはいいな」とか、「これは駄目だな」とか……。前に聖路加国際病院へ行くことがあったのですが、その時、「これはいいな」と思いました。

病院というのは、場のエネルギーが高くないといけません。では、どうやったら場のエネルギーが高くなるのか？　**それは何といっても、医療関係者一人ひとりの「志」と「意識」によります。**

「患者さんのためにお役に立とう」、「よい仕事をしよう」

そうした志と意識を高く持ってやっている人が多ければ、病院全体の場のポテンシャルが上がってくるのです。「場」では、人と人との間にも絡みがあり、相互にうまく調和のとれた「場」ができていれば、「場」のポテンシャルが高まります。

患者さんを中心にして、家族や友人、医師、看護師、鍼灸師、薬剤師、心理療法士、栄養士、検査技師など、みんなが力を合わせて「場」のエネルギーを高めていく。**患者さんを含めた関係者全員の協力で、「場」のエネルギーが高まったとき、患者さんは病気を克服し、すべての当事者も癒されることでしょう。**

必ず良くなる鍵は自分の中にある

私が中国の肺がんの研究センターで見たのは、針麻酔を使った手術でした。患者さんに針を2本、外関(がいかん)と三陽絡(さんようらく)という腕のツボに打つだけなんです。もちろん患者さん本人は意識があるわけですが、どんどん肺がんの手術をしてるんです。

それで私が「あの針は誰でも効くんですか」とボスに聞いたら、「いや、効く人と効かない人がいる。効く人は素直な人だ」と言うんですね。「素直か、素直でないか」というのは、見分けがつきません。ですので、入院してきたら全員が素直でないという前提で、全員に気功を3週間やらせるのだそうです。そうすると素直になって、効くようになるというんです。

サイモントン博士も次のように言っています。

「病を克服する上で最重要事項は、必ず良くなるということを自分の心に決めることである。しかも、必ず良くなる鍵は、自分の中にあるのだから、ふたを開けて、これを取り出すのも自分である。他人がやってくれるわけじゃない」

心のふれあいが良い治療につながる

自然治癒力が高まることによって、治療効果が上がることは言うまでもありません。雰囲気と言っても、漠然としていて分かりにくいかも知れませんので、具体的に何点か挙げてみますね。

院内のあらゆるところで居心地のよさを感じるられる病院であることがポイントです。患者さんを温かく包み込み、ホッとさせ、そして大きなパワーを感じさせる。そのためには、玄関ロビーに入っただけで、患者さんに心地よさを与えられなくてはいけません。

患者さんとそれを取り巻く医療従事者の関係もスムーズであることが大事です。

例えば、受付の職員が笑顔か？　機敏な対応をしてくれたか？　病棟では医師も看護師もフットワークがスピーディーか？　また、トイレが多くてきれいか。いつでも安心して用を足せるか？

そういったことをすべて含め、よりよいコミュニケーションをとることで、心のふれあいがよい治療へとつながっていくことになります。

したがって、外来の看護師が、入れ替わり立ち替わり待合ロビーに出てきて、患者さんに声をかけているか？ また、廊下やロビーで医師が患者さんとにこやかに談笑しているところをしばしば見かけるか？ なども、良い病院かどうかを見分けるポイントと言えましょう。

今のがん治療の現場は、ものすごく殺伐としていて、本来のぬくもりのある医療になっていません。がんというものを人間まるごとの病気としてとらえていないことが問題点だと思っています。

医療は「治しと癒しの統合」です。やさしい雰囲気が病院内のありとあらゆるところに感じられなかったら、別の病院を探すことをお勧めします。患者さん自身が信頼のおける病院のほうが、治療効果も上がります。

たとえば、職員間の私語が目についたり、医師が肩で風を切って歩いているような温かみの感じられない病院は、避けたほうがよいでしょう。

とことん患者さんと向き合う「戦略会議」

日本でのがんについての統計は、国立がんセンターから2年に1回行われています。しかし、いまだにがん罹患者数は上り調子にあるのが現状です。一方、海外に目を向けますと、アメリカは20年ぐらい前から減り出していて、医療者の間でかなりの話題になりました。また、カナダやオーストラリアも減少傾向にあるようです。

私がアメリカのがんの罹患率が減り出したと聞いた時に、たまたま統合医療の草分け的存在として有名なアンドルー・ワイル博士にお会いする機会があったので、その理由を聞いてみました。答えは単純で、禁煙が徹底されたからだと言っていました。確かにそれも一つあると思います。

近年、日本も禁煙への意識がかなり高まりましたが、本当の意味で徹底しきれてはいません。中国も禁煙に関しては遅れていて、西洋のほうがこういったものはすぐ徹底してやりますね。それから禁煙だけでなく、がんにかかるのも一種の老化現象ですから、様々なライフスタイル全部が影響していると言えます。心の状態はもちろん、食事、生活習慣などがすべて影響してくるのです。

私の病院には、毎日何人もの方が来院されます。大半を占めるのが、他の病院でがんが見つかり、外科手術や抗がん剤治療を薦められたのが、どうしても納得できない、嫌なので他の方法はないか、という相談です。

がん治療の方法で挙げられるのが、西洋医学では外科手術か抗がん剤、そして放射線です。また、分子標的薬というのがあります。これは要するに、がん細胞が持っている様々な性質に合った薬を選んでいくわけです。

それから、オプジーボという免疫療法薬が出てきました。オプジーボは、京都大学特別教授の本庶佑(ほんじょたすく)先生が２０１８年のノーベル医学・生理学賞を受賞したことで話題になりました。でも、これも現実には効かなかったり、副作用が強すぎて私の所へいらっしゃる患者さんもいます。

がんは個性的な病気です。にもかかわらず、西洋医学の三大療法である「手術療法」「化学（薬物）療法」「放射線療法」というレールに乗せようとするから、そこから外れた患者さんは行き場を失い、私の病院に集まってくることになるわけです。

私の病院では、人間をまるごと診るホリスティック医学を実践しています。しかしホリスティック医学は、西洋医学と比べますと、一つの方法論として確立されているとは言えない状況です。

しかし、患者さんはホリスティック医学が確立されるまで待ってはくれませんね。そこでどうするかというと、**私の病院へ患者さんが入院してきたとき、必ず最初に戦略会議というのをやるのですね**。

「体に働きかける方法」と「心に働きかける方法」、そして「命に働きかける方法」と、考えられる治療法を3つに分けて、患者さんと二人だけで相談しながら、個性的な戦略を作るわけです。

毎朝だいたい8時15分に私が患者さんの部屋を訪れて、そこでじっくりお話をします。ある程度の線が出たら、しばらくはその戦略でやっていくわけです。生命場を高めていくことを主旨として、どのような戦略でいくか、そしてどう展開していくかは患者さんそれぞれ千差万別、大変個性的ですから、統計処理はできません。一人ひとり手作りみたいなものになり、それを何年もやってきました。

また、当然ながら心へのアプローチも非常に大切です。体だけでなく、人間まるごとの病気ですから、心にも命にも深い関係があるということです。

極端な例で言えば、心の状態さえ良ければ何もしないのにがんが消える人もいますよね。例えば、がんになるような性格があると言われていた時期もありました。性格について具体的に研究してはいないので何とも言えませんが、共通しているのは「すごいストレスは良くない」ということです。

肉体的な治療であれば西洋医学、生命エネルギーを高めるのであれば東洋医学などの代替療法を取り入れます。

西洋医学以外の「代替療法」は、世にごまんとあります。個々の患者さんの、そのときどきの状態を鑑みながら、無数にある治療法の中から患者さんに適した治療法を選択していくということです。

戦略をやっていく上で、一番大事なのが直観です。その患者さんの性格なども見ながら相談していきます。西洋医学だけの病院、つまりほとんどの病院はマニュアル化していますから、あまり戦略を立てるというステージはありません。がんの状態を見て、「これは放射線です」、「これは手術です」と、判断していきます。

代替療法と一口に言っても、その種類は山のようにあります。よく使うものは人によって違いますけれど、漢方薬とホメオパシー、サプリメントが比較的多いでしょうか。

一方、戦略が多いほどよいといっても、同時に多く採用するということではありません。それでは、「下手な鉄砲数打ちゃ当たる」ということになってしまいますし、治療法の種類の多さからいっても、そんなことは不可能なことです。

戦略会議では、患者さんの意志を尊重して「それなら私、やります」「それはやりたくないです」ということを、患者さんに言ってもらいます。

このような話し合いをしているうちに、医師と患者さんという関係ではなく、戦友になります。戦友が２人でしゃべるわけです。いいものです。それを何年もやってきました。

がん治療に「戦略会議」が必要な理由

戦略会議には、必ず病棟の看護師さんも１人同席します。意見は一切さしはさみませんが、患者さんと私で組み立てた戦略を、看護師さんにも知ってもらいたいから同席してもらうのです。場合によっては、家族の方々が同席することもあります。

私が戦略会議を開いて患者さんとのコミュニケーションを図るのは、お互いの信頼関係を深めて、場を高めていきたいと考えているからです。このやり方ですと、西洋医学よりはるかに時間がかかりますが、それだけの意味があるわけです。

戦略が決まったら、一生懸命に毎日やるわけです。ただし、みんながうまくいくわけではありません。見直しが必要なときもあります。病状が急速に変化しているときには、２週間くらいで見直しをします。

例えその治療法によって芳しくない結果が出たとしても、また違う治療法に切り替えていく。もちろん、すぐにいい結果を得ることに越したことはありませんが、その治療法がいい結果として表れなくても、その繰り返しの過程が得難い体験となり、生命エネルギーを高める糧になるはずです。

そのようにして、戦略を作っていくわけです。

２か月後に、血液検査やＣＴ検査、超音波検査などで状態をチェックして、良くなっているか小康状態であれば、同じ戦略でさらに2か月続けます。

もし以前より悪くなっていたら、また戦略会議を開いて、戦略の組み替えをやります。これを繰り返していきます。そういうことを、ずっと前からやっているわけです。また、退院の少し前には、家ではどういう戦略でいくのかのミーティングも行います。

ところで、「戦略」と似て非なる言葉に「戦術」があります。「戦術」は、一つ一つの武器を中心にした作戦で、それを合わせたものが「戦略」です。重要なのは、ただ闇雲に武器を集めただけでは「戦略」にならないということです。つまり、集めた武器をどのようにしたら有効に使いこなせるのか、という領域まで踏み込み、熟考を重ねてこそ「戦略」となり得るのです。

これをがん治療に置き換えると、西洋医学の枠を超えれば、多くの治療法が存在します。それを見境いなく用いるのではなく、「戦略」を立てて有効な治療手段にしていくのです。

そのためには「統合」という手法が必要です。「統合」とは数学でいう積分の意味で、それぞれを一旦バラバラにして、再度、組み替えて新しい体系を構築させる作業になります。

したがって、現在、私が入院中の患者さんと共に行っているのは、状態・価値観などに合わせ、多くの治療法から有効的な組み合わせを選択する「戦略」についての話し合いなのです。

ですから、そのミーティングを「戦略会議」と呼んでいるわけです。

医師とのコミュニケーションで良い結果が！

「自然治癒力」というのは、体の中だけで働くものではありません。身を置く「場」にも自然治癒力はあるのです。それはどういうことかというと、良い場にいる人の方が、元気のエネルギーが高まるということです。

エネルギーの高い場の基本は、人とのコミュニケーション、人間の信頼関係です。良いコミュニケーションのある家族、友人、医師、看護師、薬剤師、このような良いコミュニケーションに恵まれた人の自然治癒力が高まることを、しばしば経験することがあります。

ですから、これからの医療で何よりも大事なことは、患者さんと医療従事者の信

頼の統合＝信頼のコミュニケーションです。

その中でも一番大事なのが、主治医との信頼関係です。主治医の先生とうまくいっている患者さんはいいのですが、うまくいっていない患者さんは、病院に行く日は朝から元気がなくなる。そうした場合は、何かを改善しなければいけません。場合によっては、主治医の先生を変えてもいいと思います。

私は以前から、がんがいつの日か克服されるとしたら、科学的に、つまり心とは何かが客観的かつ再現性をもって解明される日にちがいない、と思っています。この考えはずっと変わることがありません。心を理解するのは、それほど大事なことなのです。

第３章　「生と死の統合」　帯津良一

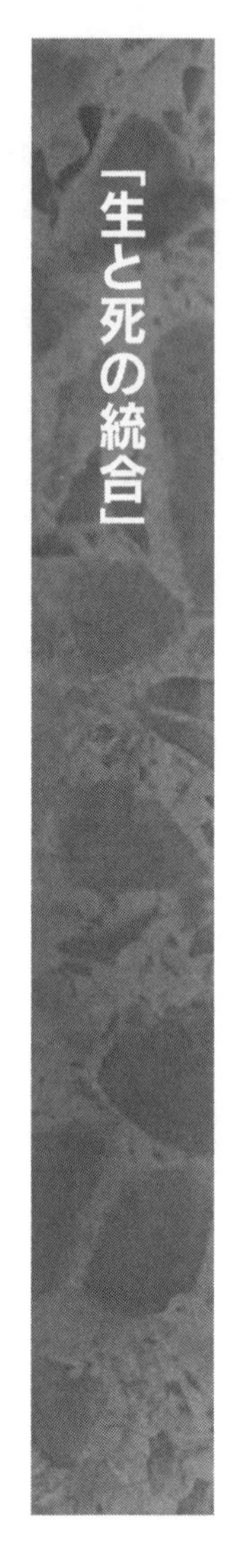
「生と死の統合」

あるがままに

「あるがままに生きる」とは、大いなる生命に身を委ねる生き方です。

それは、エネルギーを高める生き方でもあります。

私が知り得るなかで、最もあるがままに生き、そして本当に理想的な形でこの世を去った人として真っ先に思い浮かぶのが、楊名時先生です。楊先生は、楊名時太極拳の創始者であり、私にとって最高の師であり、飲み仲間として慕っていました。

楊先生と知り合ったのは、私の家内がきっかけでした。中国の武術団が来日した折、開かれた表演会に、家内にたまたま誘われて参加しました。楊先生を紹介されたのはその時です。

楊先生は、1924（大正13）年に中国の武門の家に生を受け、小さな頃から太極拳の手ほどきを受けて育ったのだそうです。1943年には官費留学生として来日され、太極拳を日本に定着させた功労者でもあります。楊先生のパワフルさには圧倒されます。物事に全く動じないのです。潔さからくる我慢強さは、並大抵のものではありませんでした。

楊先生は、何度か私の病院に入院することがありました。毎朝、7時15分に新聞を持って先生の病室をお訪ねするのが私の日課になっていました。いつも気持ちよく私を迎えてくださいました。夜は、帰宅する前に病室に寄るようにしていました。

「つらいことはありませんか」と声をかけますと、いつも「何もありません。早く帰りなさい。明日も仕事があるんだから」と言ってくださいます。あとから奥さんに聞いたことですが、「つらいことはたくさんあるけど、心配させたくないから」とおっしゃっていたそうです。

腸閉塞の手術のときにも一言の不平不満も漏らさず、手術までの6か月間を過ごされました。普通であれば、手術を早くしてほしいと訴えたり、口に出さないまでも表情に出たり、家族にあたったりするものですが、そういうことは一切ありませんでした。

また、楊先生からこんなことを言われたこともあります。「2つだけお願いがある」と言うのです。

1つ目は、「検査でも手術でも、ゆっくりやっていただきたいのです。今日やらないでいいことは明日以降にしてください」ということでした。

つまり、医学的な介入をできるだけするなと楊先生はおっしゃるわけです。生きるも死ぬも、あるがまま。たとえば、胸水がたまっても、抜かないでいいという感じなのです。

2つ目は「かねてから死ぬ時は、川越のこの病院でと思っていました。だから、治療がうまくいかず、ここで死んだとしても本望です。恨んだりしませんから、思う存分やってください」と、平気な顔で私に言うのです。

一瞬、先生の姿が光り輝いて見えていました。

２００５年7月3日、愛知万博があったときのこと。私は講演を頼まれていて、名古屋へ行くために、前日、都内のホテルに泊まっていました。そこへ、婦長から朝、電話が入りました。

それは「楊先生、危篤」の報でした。先生が私の病院で死にたいと言っているのは、私に看取ってくれということです。すぐ講演会の主催者に電話を入れた私は、事情を話して講演を断わり、病院に帰りました。

病室に入って楊先生の様子を見ると、もう死期が迫っていることが分かりました。目をつぶっていましたが、「先生」と呼びかけると、バッと目を開けて、「おお」と言いながらギュッと力強く握手をしてきました。

急を聞いたお孫さんたちが5〜6人、先生のもとへやってきました。

「お孫さんが来たから、手を離しますよ」と声をかけると、先生は「分かった」と言って、お孫さん一人ひとりと握手しました。そして、一通りいろいろなことをしゃべり終わったら、パッと亡くなったのです。
「ああ、楊先生は生と死を統合して、虚空へ旅立とうとされているな」と、つくづく思いました。

先生の死は、残された者の「生」を輝かせてくれたように感じています。**本来、生と死とは、明確に分けられるわけではなく、複雑に絡み合ったものだと思います**。楊先生は、その自然の成り立ちに、自らを同化させることができた方ではないでしょうか。

あるがままに生きて、あるがままに死んでいったというのが、私の楊先生の生き様、死に様への感想です。

私の古くからの知り合いが肺がんで入院してきました。
病状が進んで、回診に行っても日に日に表情が暗くなっていきました。
しかし、あるときを境に彼の表情がいきいきとしはじめたのです。口数も多くなってきました。病状は相変わらず一進一退を繰り返しつつ、確実に悪化しているにもかかわらずです。

私には、彼が死と正面から向き合っているように映りました。

ある日のこと、私が回診に行くと、彼がベッドの上で正座していました。それで、「あれ、どうしましたか」と私が言うと、握手を求められ、「いや、一言お礼を言いたくて待っていました」と言うのです。

「何でしょう」と聞いたら、「最後に本当にいい医療を受けられました。幸せだ。ありがとうございました」と、にっこり笑っていました。

彼がこの世から去っていったのは、その三日後のことでした。しっかりと死をとらえて、旅立っていったのだと思います。

こんな患者さんもいました。

朝４時頃、患者さんが亡くなったと当直医に呼ばれて病室へ行ったところ、看護師さんが泣いていました。

患者さんが亡くなって泣くということは、まずないことです。「どうしたの?」と声をかけたら、いつもの見回りで部屋に入っていくと患者さんが正座していて、「いろいろお世話になりました。私はただ今から虚空に旅立ちます」と言ったというのです。

それから本当に1時間ぐらいで、その患者さんは亡くなったのだそうです。こういった場面は通常考えられないことですから、看護師さんも驚いたのだと思います。この話を聞いて、この患者さんは生と死を統合しているなと、そう感じたのです。

また、3回目の入院をしてきたある患者さん方は、もうかなり弱っていたのですが、私が治療のための「戦略会議」に行くと、にっこりと笑って、「今日の戦略会議は、治すための戦略会議ではなく、虚空に行くための戦略会議にしてください」と言うのです。

そこで、虚空というものはこういうものだという話をしましたら、にこにこして聞いていました。翌日行くと、もう意識がなく、何も言えない状態で、その次の日に亡くなりました。

思い出してみると、あの方たちは、死の手前で生と死が統合されたような気がします。

永遠に続く「共通の生命」

１９８０（昭和55）年にはじめて訪中したとき、中西医結合によるがん治療への自信と確信を与えてくれた医師がいます。当時、北京市肺がん研究所の副所長として肺がん手術の陣頭に立っていらっしゃった、辛育令先生です。外科の世界的な権威で手術の名手と謳われ、それでいて中国医学にも詳しく、鍼麻酔の推進者としても有名な方で、私の大恩人でもあります。

辛育令先生は、後に新設される中日友好医院初代院長としても迎えられ、中国のがん治療の中心的な人物として、長年、臨床の現場で活躍されました。

今から二十数年前、中日友好医院を訪ねたことがありました。辛先生はすでに引退されていましたが、思いがけず病院で再会することができました。

その時、すでに先生は75才になっていましたが、相変わらずの太い腕、握手も昔と変わらず力強く、私も嬉しくてたまりませんでした。病院の前のレストランで昼食をともにすることになりました。まずはビールで乾杯をし、それまで快活に雑談をしていた先生が、急に居ずまいを正すと、静かにこう言われたのです。

「折り入って伝えておきたいことがあるのですが、ちょっと聞いてくれますか」

敬愛する辛先生の話ならいくらでも聞きたい気持ちでしたから、私に異存があるはずがありません。どんな話が飛び出すのか、楽しみにしながら聞くと、これが私には一生忘れることのできない内容だったのです。

「今、私は75才ですが、その生涯の中で、今が一番充実していて幸せです。そのわけは、時空に広がる共通の命というものが見えるようになったからなのです。私は肺の手術を随分してきたけど、以前はがんの病巣しか見ていませんでした。まるで機械の修理のように病巣だけ見て、正確無比でさえあればいいと手術してきたのです。

それがある年齢になってきて、ようやく患者さんの全体が見えるようになってきました。患者さんの人となりに思いがいくようになってきたのです。

すると、何だかその患者さんが愛おしく感じられてきました。手術台の患者さんが、何と自分の分身に思えるようになってきて、手術をするのも自分、されるのも自分、共通の生命が流れていると実感するようになりました。

それをまた越えたら、手術する患者さんだけでなくて、道で行き交う人も、縁ある人のすべてが自分の分身に見えてきたのです。この人たちは、自分と命がつながっていると感じられた途端、私の命は必ず誰かが引き継いでくれるから、死ぬことなど何も怖くなくなりました。

みんなが愛おしくてたまりません。こうなるとまさに生死一如。1日1日が充実してきました。生きているのが楽しくて楽しくてしかたがない。嬉しくてたまらないので、おとなしくエレベーターに乗っていられないのです。毎日、階段を駆け上り、駆け下りていますよ」

この話を聞いた私は、頭をガツンと殴られたような衝撃を受けました。**辛先生が見ているという「共通の生命」とは、生命場そのものです。あるいは、量子場と言い換えてもいいでしょう。なぜなら量子場とは、あらゆるものを存在たらしめる大いなる「場」だからで、そこではすべての生命がつながっているからです。**

辛先生はさらに、「私は、死を超えた世界が見えるようになったのです。私という個人は、いずれ死ぬでしょう。けれど、たとえ、私が死んでも、共通の生命が永遠に続いていく」とおっしゃったのです。

生命場の理論からいえば、あらゆる生命がつながっているというのは当然です。ただ、理解するのと、体感するのとでは大違いです。

辛先生の話をお聞きしているうちに、私も心の底から生きる喜びが湧き上がってきたのを覚えています。

絶対にぐらつかない希望を得る

死への恐怖が消えた患者さんは、病状が好ましい状態へと変わっていくということがよくあります。患者さんの中で死生観が確立されると、病気を治す力が高まるのです。

死を思い、生を考えることは、どのような人にとっても、大切なことです。死のことなど考えたくない、生きているうちは生を謳歌したい。そう思う人も多いと思いますが、それは違います。生と死は別々のものではなく、セットで成立していま す。ですので、死のことだけ、生のことだけと、一方のみを考えることはできないのです。

サイモントン博士は、「自然治癒力の発揮を妨げているものは何か？　それは、人間本来の生き方を忘れてしまうことだ」と述べています。

人間本来の生き方とは、生に執着し、死を忌み嫌うことではありません。必ず訪れる死から目をそらせるのは、人間本来のありのままを受け入れようとしないことになります。

つまり、自然治癒力を最大限に発揮させるためにも、死から目をそむけないことです。「死」に目を向けると、絶対にぐらつかない希望や生きがいを得ることが、よくあります。自分独自の死生観を持ち、悲しみの大地から死を貫いて未来へと続く生きがいの柱を立てるようにしましょう。

私がこの世で完結したいことはいくつかありますが、ダントツの1位は「私はどこから来て、どこへ行くのか」という問題を解くことです。

フランスの画家ポール・ゴーギャンがタヒチ滞在中に描いた、『我々はどこから来たのか、我々は何者か、我々はどこへ行くのか』という有名な絵がありますが、ゴーギャンも、この問題の解答を見つけようともがき苦しんでいたのではないでしょうか?

さらに言えば、このことは決して私だけの問題ではなく、地球上に生きるすべての人に当てはまることではないかと思うようになってきました。つまり、私たちが生きていく最大の目的は、それぞれの人が、この問いに対する正解を見つけることなのではないでしょうか？

大ホリスティック医学

さて、ここまで私は西洋医学の成り立ちから東洋医学、そしてホリスティック医学を、どのような視点からがん治療に取り入れてきたのかを述べてきました。そして私がついにたどり着いたのが、ホリスティック医学を超えた「大ホリスティック医学」です。

大ホリスティック医学とはいったい何なのか、この本を読み進めていただいたあなたはすでにその概念をご存知ですね。

これまでのホリスティック、つまり大ホリスティックに対しての小ホリスティックとは、臓器を含む人間という階層までを指していました。それに対して、大ホリスティックとは人間の階層を超え、家庭、病院、社会、日本、地球、そして宇宙を超えて虚空までもすべて含んだ、最も大きな全体からとらえることであると述べました。

今、世の中では医療が権威主義に陥ってしまい、患者さんのことを本当に考えていない医療従事者が多いように感じます。医療従事者も人ですから、人の心が場のエネルギーをつくります。

英語圏の医療従事者は、「ボディ・マインド・スピリット」という言葉を、分かり切ったようにすぐ出してくるんです。ボディが「体」で、マインドが「心」、スピリットが「魂」であり「命」です。

日本では「マインドとスピリットはどう違うんだ?」などとよく言われたものですが、最近ではこの「ボディ・マインド・スピリット」という言葉も、すいぶんと浸透してきたように思います。

私がこの大ホリスティック医学を提唱し始めたのは2016年のことでした。す

ると、たった数か月の間に、私の病院に4人のドクターが就職してきました。しかも、これがみんな若くて志が高い。さらには看護師が15人も入ってきました。大ホリスティックに共感してくれた人たちなので、はつらつと働いてくれて、場のエネルギーがどんどん良くなっていきました。

そうしたら、今度はソーシャルワーカーが増えていきました。**ソーシャルワーカーは、ホリスティック医学に絶対欠かすことができません。**患者さんは、病気の症状で苦しむのみならず、社会的な理由で悩んでいる人がたくさんいるわけです。例えば経済的な理由とか、職場の人間関係とかですね。

そういったことは医者の診断や看護師の処置ではどうにもなりません。そこはソーシャルワーカーに任せるわけですが、優秀な人たちが入ってきてくれました。

病院の場のエネルギーを高めるためには、当時者一人ひとりの命のエネルギーが高まっていないといけません。

一人ひとりが高まると、全体が高まってきます。

そうすると、全体の場に引きずられ、さらにエネルギーが高まってくる人がいて、また全体に波及していきます。

そうやって、どんどんいい循環が生まれてくる。それがこれからの医療にも、とても大事なことなのです。

第4章　偉大なる真我（しんが）を開き、がんを克服する

佐藤康行

偉大なる真我(しんが)を開き、がんを克服する

ついに解明！　病のメカニズム

帯津先生がいつもお話されている「虚空」、それを私は本当の自分、「真我」と呼んでいます。この真我に出会うことで、自然治癒力のスピードがすさまじくアップするということが分かってきました。では、それを自分でちゃんとコントロールできるのでしょうか？　もちろん十分可能であるということも分かってきました。

人間が生きていくためには、「愛」と「恐怖」が必要です。

愛とは、例えば男女が愛し合うことで子どもができ、生まれてきます。また、子どもを愛さなければ、子どもは育ちません。

恐怖というのは、例えばライオンに襲われたシマウマはパッと逃げますね。恐怖は命を絶滅させないために必要です。

その「愛のもと」をプラスとして、「恐怖のもと」をマイナスとして説明しますね。プラスとは、明るく、前向きに、積極的に、夢を持って、目標を持って、プラス思考で、愛と感謝、素直な心で、勇気を持ってという心です。マイナスとは、暗く、後ろ向きに、人を恨んで、憎んで、頑固で、傲慢で、偏屈で、マイナス思考で……という心です。

どちらがいい人生を送れるのでしょうか？　と聞くと、みなさん愛、プラスの心だと知っているわけです。分かっているけど、できません。色々ないい教えを教わったとしても、それを知っているということと、実際にできるということは全く違うわけです。なぜならば、心のもっと深いところに「過去の記憶」があるからです。

次ページの図の第1層が顕在意識で、第2層は潜在意識です。**潜在意識では、辛かったこと、悲しかったこと、嬉しかったこと、感謝したこと、騙されたことなど、何一つ忘れずに覚えています。頭、つまり顕在意識では忘れているけれど、実は全部覚えているのです。**

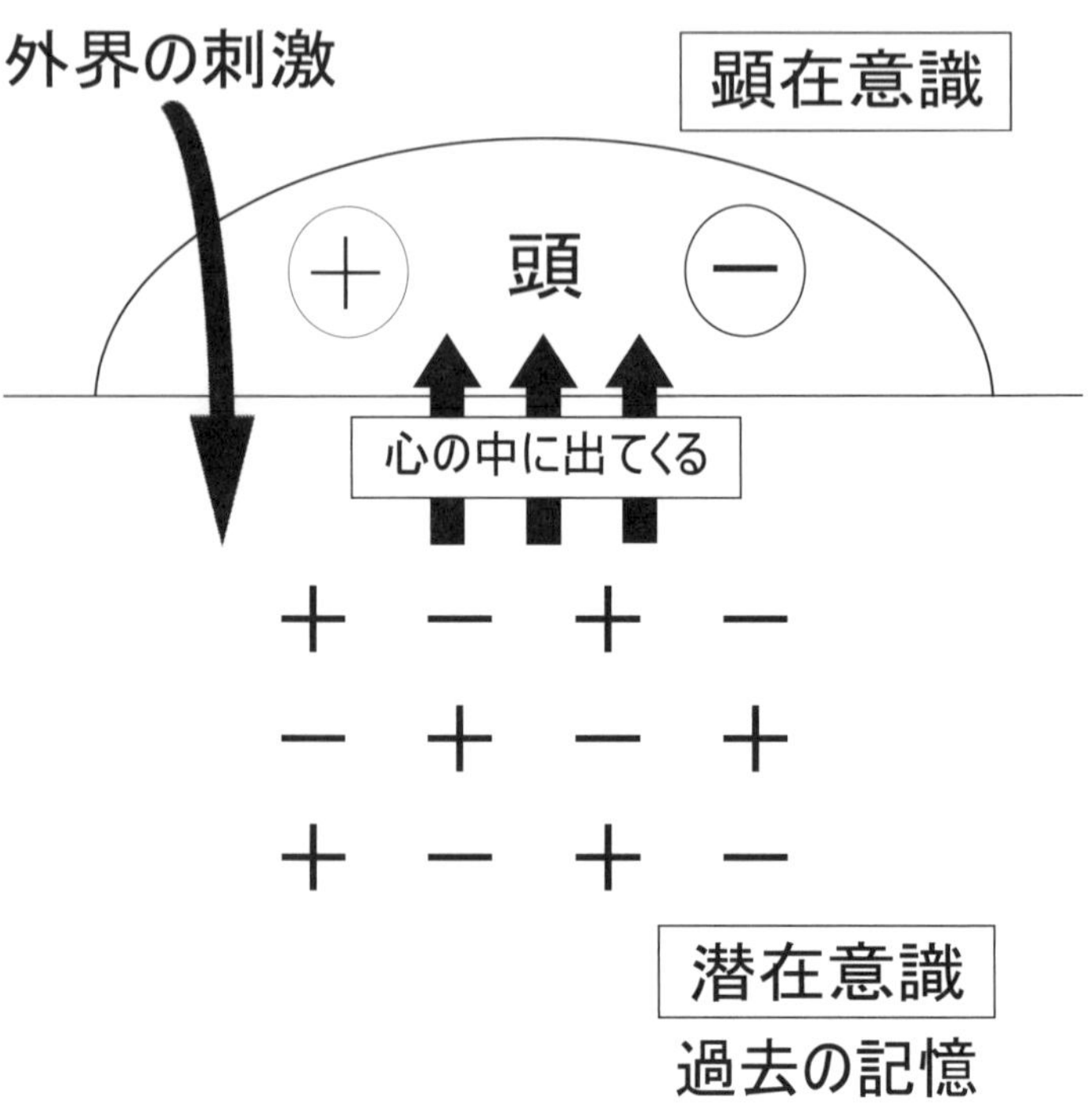
外界の刺激
顕在意識
＋
頭
－
心の中に出てくる
＋ － ＋ －
－ ＋ － ＋
＋ － ＋ －
潜在意識
過去の記憶

「過去の記憶」は、外界の刺激で出てきます。例を挙げれば、トラウマと呼ばれるものがそうです。女性が過去、父親から虐待された経験があったとしたら、その父親と似た人を見た時、怖くなってしまう。さらに言えば、男性不信になってしまう。すると、結婚から遠のいていくということがあり得ます。虐待はあくまで例ですが、**人間は遭遇する場面場面のすべてにおいて、過去の記憶が心の中に溢れてくるわけです**。

今こうやって私の文章を読んでいるあなたも、実は私の文章を読んでいません。あなたは、私の書いた内容をきっかけに、あなた自身の中にある思いが出てきて、その声を聞いているのです。皆さん、同じ文章を読んでも違う感想を持ちます。それは自分の声を聞いているからです。

もし誰かの話を聞いて、そこで止めていたら、みんな同じ考えになってしまいます。それを洗脳と言うわけですが、**私は洗脳とは反対のことをやっています。皆さんの中の「本当の声」を引き出すのです**。

しかし、本当の声と言っても、世間で言われているような「本音」とは違います。一般的な意味での「本音」が実際に聞こえてしまったら、とんでもないことになってしまうでしょう。会社でペコペコしているサラリーマンが焼き鳥屋で愚痴を言って、「やってられない。あのバカ野郎！」などと上司の悪口を言う。こんなことをそのまま会社で言ったら、大変なことになるでしょう。だから焼き鳥屋で言うわけですね。

でも、本当にそれが本音だったらまずくはないでしょうか？　もしかしたら、病気になる本音を持っているかも知れません。ですから、その本音を何とかしなければいけないのです。

寝ても覚めても、自分の中で何かを呟いているのです。「私は駄目だ、駄目だ、駄目だ」「あの野郎、この野郎」と……。こういった本音は、夢の中にも出てくることがあります。でも、それをどうすることもできません。過去の記憶だから、自分をごまかせません。

心の第2層にネガティブな過去の経験を、マイナス、マイナス、マイナス……と積み重ねているところに、第1層の顕在意識でポジティブな考えをプラス、プラス、プラス……とインプットしていくと、2つの自分ができるのです。このやり方では、心の問題を解決するのは無理だということです。本来、潜在意識にマイナスを持っているのに、立派なプラスの観念で何か言おうとした時に、自分の中から反感が出てきます。

また、顕在意識でいわゆる「いい教え」を教わると、潜在意識がマイナスのまま、それを武器に使ってしまいます。「あいつら、なってない。こいつら、なってない」と……。そうすると敵ができますね。または、本音を言わず理性で潜在意識を抑え、我慢をすると、マイナスの心が今度は自分に向かってくるわけです。それがうつ病など、精神疾患の原因になります。このように、すべて自分との対話なのです。

心の第1層が観念というイミテーションで、第二層が石ころだとしたら、その奥に「真我」、完全完璧で一点の曇りもないダイヤモンドのような「本当の自分」が存在します。この真我にたどり着けばいい。真我に気づけばいいのです。

真我は本当の自分ですから、究極の本音です。普通、第1層で言っていることが「建前」で、第2層で思っていることが「本音」だとされていますが、実際は違います。心の一番深いところに、真我という「究極の本音」があるのです。

みんな「人を愛したい」、「認められたい」、「分かってほしい」、「自分が大好き」、「周りの人も大好き」という、究極の本音です。

YSメソッドの「集中カリキュラム」では、カウンセラーの指導のもと、時間をかけて心を真我まで掘っていくワークを行います。

頭（観念）という心のフタを取って、トントン、トントン、トントンと石油を掘るように、温泉を掘るように、トントン、トントン……トン！と掘った時に、ブワーッ！と、本当の自分が溢れ出てきます。

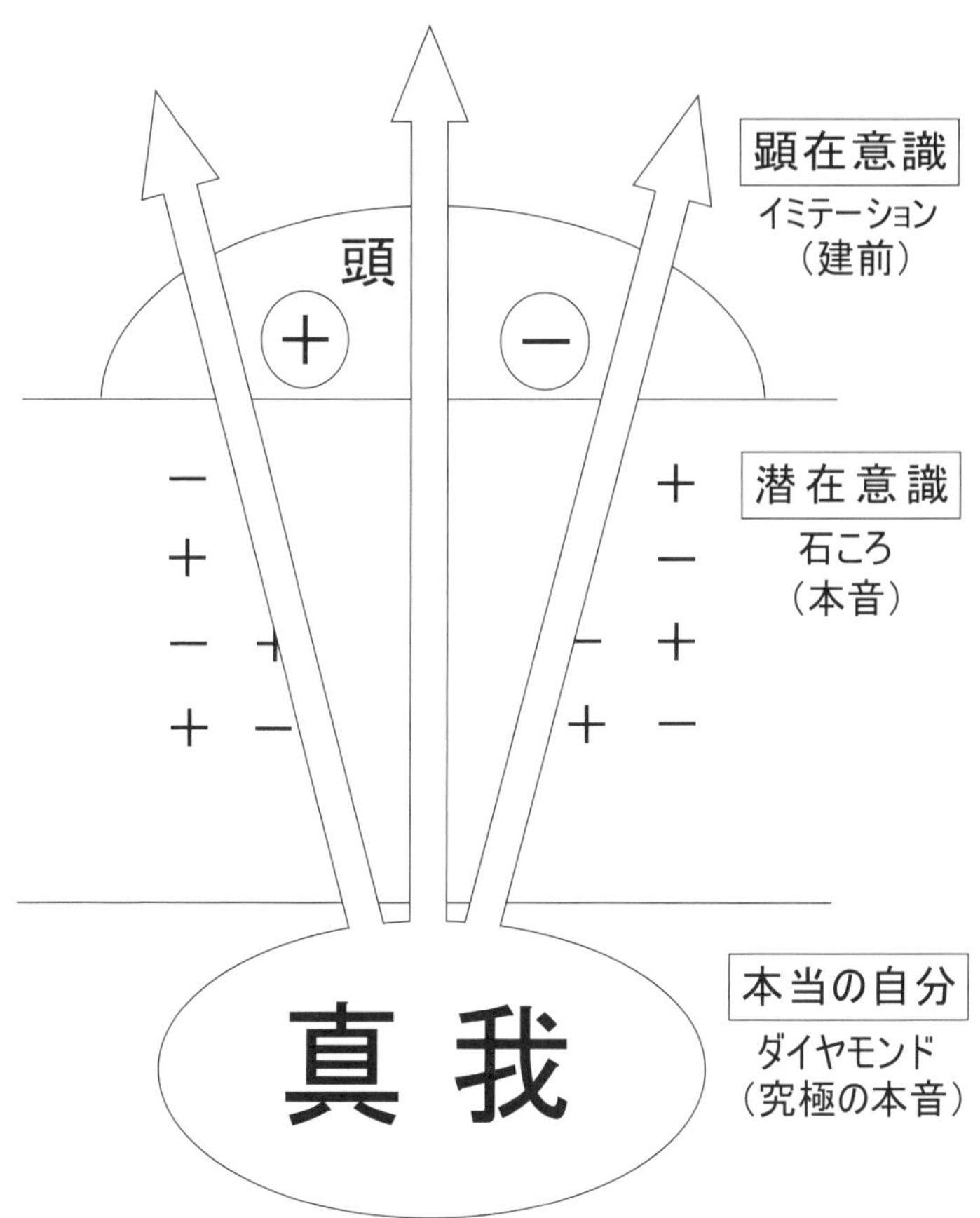
顕在意識
イミテーション
（建前）
頭
＋
－
潜在意識
石ころ
（本音）
本当の自分
ダイヤモンド
（究極の本音）
真我

変わる時は一瞬です。目の前で、バタバタバターッと変わっていきます。なぜなら、もともとある自分だからです。もともとあるのだから、そちらが出てくれば揺るがなくなるわけです。

テレビのチャンネルをピッと変えただけで番組が変わるように、私たちにもそのようにデジタルな、便利な心があります。**真我に目覚めていった時に、将来的には何かの病気になるはずの心が変わるので、未然に防ぐこともできるのです**。

この「奇跡のカウンセリング」ががんを消す

ある日、中村さん（仮名）という男性が、私のカウンセリングを受けにいらっしゃいました。血液がん（悪性リンパ腫）になってしまって苦悩しているというのです。

「原因に心当たりはありますか？」とお聞きしたところ、男性はその身に起きた出来事を静かに話し出しました。

中村さんは、最近離婚したのだそうです。なぜ離婚することになったのか？　中村さんは彼のお父さんが所有している家に住んでいました。奥さんとお子さんも一緒でした。しかし、お父さんが知り合いの借金の保証人になっていて、肩代わりをすることになってしまったのだそうです。

しかたなく土地を売ったお父さん……。そして息子である彼の一家も、その家には住めなくなってしまったというわけです。

それを知って怒り出したのが、奥さんのご両親です。それが引き金となり、親子関係も夫婦関係も悪くなってしまったため、離婚することになったのです。奥さんはお子さんと一緒に出て行ってしまい、彼にとってそれは大変なショックでした。

離婚後、しばらく経った時のこと……。別れた奥さんから「もう養育費を送ってこなくていい」という連絡が入りました。養育費を払うことでお子さんとのつながりを感じられていたので、子どもと縁が切れてしまうと思うと、さらなるショックが中村さんを襲いました。

そんなことがあった上での発がんでした。彼の自己分析によると、がんの原因は離婚による心理的なストレスではないか、ということでした。もちろん、過大な精神的ストレスを受けてがんにかかる人は大勢いますから、彼の考えは当たっているでしょう。

話を聞いた私は、こう答えました。

「何か、問題あるの？」

そう言われて、中村さんはとても驚いていました。妻子と離れ離れになって、心に重い負担を抱え、がんになってしまった。「これ以上大きな問題があるだろうか」と思ったことでしょう。

「みんないい人じゃないですか」

私は、そのまま話を続けました。どんな窮地にあっても、その視点は変えられることを伝えたかったのです。

まず、お父さんです。たまたま保証人になって借金を肩代わりすることになりましたが、それまでは自分の家に彼らを住まわせてくれました。とても優しいお父さんじゃないですか。

そして、奥さんの両親です。激怒したものの、それは自分の娘や孫を心配してのこと。激怒するほどまでに、子どもや孫のことを気にかけてくれているのですから、非常に愛情深い人です。

さらには奥さんですが、養育費がいらないと言う。「払ってくれ」と言うのが普通でしょう。それなのにいらないとは、ありがたいことです。だから、奥さんもいい人です。

そして、がんになったご本人も、とてもいい人ですよね。今回のことで悩んで、がんになってしまった。もし悪い人なら、こんなにも悩むことはなかったでしょう。

つまり、この男性のまわりもご本人も、みんな愛の深い、いい人だと結論づけられ

るのです。

この日のカウンセリングが終わってから数か月後のこと……。見事にがんを克服された中村さんと、私は再度お会いすることができました。

それではここで、中村さんからいただいたお手紙をご紹介いたします。

事の本質を伝えていただき、がんを克服できました

中村さん（仮名）50代・男性

一昨年の8月に、おなかの具合が悪くなり、季節がら多少の体調不良はつきものだと思い、かかりつけの医師もひどい状況でないとの診断でそのまま放っておいたところ、間断なく痛みが続いて治まらないため、総合病院を紹介してもらい検査をしたところ、大腸に腫瘍があることが判明し、腸閉塞の危険もあるので入院手術ということになりました。

手術は、患部周辺の悪そうな部位もすべて切除し成功に終わりましたが、腫瘍の検査の結果、がんの原因が血液であることが分かり、再入院の上、抗がん剤の投与を改めて行いました。

薬の投与は入院時の1回だけでなく、その後外来で5回、数種類の投薬をしなければならず、副作用も回を追うごとにひどくなり、特に昨年1月から3月までの間は、吐き気と全身の倦怠感に悩まされ、投薬直後は全く食べられない状態が続きました。

そんな中、昨年の1月、運良く佐藤先生と面談をする機会をいただきました。

佐藤先生に初めてお会いしたとき、先生と握手をさせていただいたとき、なぜか分かりませんが、涙が溢れ出て思わず泣いてしまったことを今でもはっきり覚えております。

そのときに、佐藤先生からがんになった原因は何かとのお尋ねがあり、私自身の家族の崩壊、両親にその原因の一端があるのではないかなど、自分の思っていることを真摯（しんし）にお伝えしたのですが、佐藤先生は、両親も、もといた家族も誰も悪くない、あなたの周りの人たちはあなたのためを思って行ったことばかりで、誰も悪人はいないというお答えをいただきました。

全く別のとらえかたをしたら、むしろ感謝ができる環境にあると言って頂きました。

最初は、私もどのような意味なのかよく分かりませんでしたが、自宅に帰って思い返してみると、確かに、家族や両親がどれだけ自分を助けてくれていたのかということが分かりました。

私は、一体なぜそのようなことを佐藤先生はお分かりになられたのだろうかと、大変驚愕するとともに、初めてお会いしたにも関わらず、事の本質をすぐに伝えていただいたことに感謝でいっぱいになりました。

２度目の入院時に、紙に書くＹＳメソッドの実習を集中して行っていました。なぜ自分はこのような病気になったのか、この病気の意味は何なのか、これからどうなるのか、そういったことが知りたくて実習を行いましたが、病気になってよかったことが意外と多かった記憶があり、厳しい病気ではありますが、とらえようによっては、自分のさらなる糧にもなることができるのではないかとも思ったりしました。

幸い、抗がん剤の治療時も、吐き気と倦怠感以外の副作用はほとんど出ることはなく、最も気をつけなければならない白血球値も、ぎりぎりの基準からは落ちていかず、体調面をなんとか維持できるような状況でした。

3月最後の治療が終了し、数回の検査から、寛解の診断が出て、現在に至っております。

そのあと、偶然が重なり、佐藤先生のお話を3～4回、直接聞く機会があり、そのたびに佐藤先生からは温かいお言葉をかけてくださって、本当に有り難いことだと思っております。

がん自体は、最も危険性のないステージということも分かり、治療が終了して1年以上経っていますが、仕事にも復帰し、おまけにある会社からスカウトを受け、給与が1．3倍にもなって、責任あるポジションについて日々忙しく働いております。

また、病状の方も、すでに数回経過観察で病院にも行っておりますが、今は全く異常がなく、良好な状態が続いております。

佐藤先生に励まされ、また、自分の家族や両親のことまで素晴らしいご助言をいただいて、なんとかがんを克服できました。

まだ油断はできませんが、あと3年半何もなければ完全に治癒したことになり、がんから卒業できます。その日まで、さらに精進し、佐藤先生のお考えを強く思って、真我の道を極め、どうしても自分のものとして、人へそれを伝えていくことが、私のこれからの道の1つと思っております。

自分でも貴重な経験をし、それを佐藤先生に解釈していただき、結果ここまで体調が回復して、働けるようになったことは、奇跡としか言うことができません。これも、佐藤先生からのご助言、ご示唆があったお蔭であり、私として、一生の糧として持ち続けたいと思っている次第です。

24時間「真我づけ」にする

中村さんはご自身の離婚が原因でがんになったそうです。それが原因だとしたら、それは過去の出来事です。**過去が全部愛に変わってしまえば、がんになる「もと」がなくなります。原因が消えてしまえば、同時にがんも消えておかしくないわけです。**

最も広く使われている放射線治療は、体の外側から病巣に放射線をあてる外部照射ですが、自分の心の不調和ががんの原因なのであれば、**愛の光で、根っこの原因もがんも両方消してしまえばいいのです。**

中村さんが最初にカウンセリングにいらっしゃった時、私は他にもたくさんのことを彼に伝えました。

「**過去のことはすべて超越して、愛の塊にしてしまえばいい**」というのも、その1つです。

過去が変わらず今もその連続だったら、アナログ的な発想のまま、未来も変わることはないでしょう。そうではなく、すべてを飛び越えデジタル的に発想を変えてしまうのです。

中村さんにとって、がんを治すには真我の愛の道に生きること、命を懸けて生まれ変わること、気持ちをジャンプさせることが大事なことだったのです。

そのためには、24時間365日、真我に焦点を当て続ければいい。

では、どうすればそれができるのでしょうか？　私が認定したカウンセラーが全国で行っている集中カリキュラムなどで「真我を開く」ことが大前提なのですが、その上でCDやスマートフォンなどで私の音声を聞いてもいいし、私の本を読んでいただいてもいいですし、本書の巻末でご紹介する「**回復ノート**」のワークをしてもいいでしょう。

不思議に思われるかも知れませんが、**私の話は内容よりもエネルギーだと思っていただきたいのです。真我そのもののエネルギーの音声であり、映像であり、文字**

なのです。エネルギーですから、意味が分からなくても「聴いているだけ」「読んでいるだけ」で変化してくる場合があります。

そしてもちろんあなたも真我そのものですから、あなたの真我が引き出されるのです。この点が、頭に知識をインプットすることとの決定的な違いとなります。

音声であれば、ご自宅でボリュームを絞ってほとんど無音量で聴いたり、入院した病院内で音量をゼロにして流し続けた人もいます。その内容を理解しようとすると、自分なりに「それはそうだ」とか「違う」とか、どうしても観念化して聴いてしまいますよね？　ですから、観念での理解ではなく、エネルギーとしてとらえていただきたいのです。

私は中村さんに「もちろん、集中カリキュラムももっと受ければいいし、とことん100％治ると確信して、0．1％も疑いを持たないように、24時間そうとしか思えない環境をつくればいい」と、全身全霊でお伝えしました。どれだけ真我を継続し、焦点を当て続けていただけるか、あとはご本人次第の面もありますが、続けることで間違いなく良い方向へ変わっていきます。

では、何から「真我の実践」を始めればいいのでしょうか？　例えば、私の音声を聞くためにCDプレーヤーの再生ボタンを押すことが真我の実践だと思えば、特に難しくはないはずです。そして、音声を聞いて自分から自然と出てくる想いがあれば、それをメモしていくのです。「どうやればいいのか？」などとやる前から難しく考えず、簡単に始めてもいいのだということを、まずは知っておいてください。

また、「真我の実践」という言葉を、心の中で繰り返し唱えていただくのも有効です。一人の時は声に出して唱えても結構です。では、唱えることにどういった意味と効果があるのかを説明しますね。今、まさにあなたの心臓は動き、呼吸をし、血液が血管を通って毛細血管まで流れています。これらは、あなたが全部行っているのでしょうか？　そうではありませんね。あなたが意識しなくても、あなたではない誰か……**つまり、真我がもうすでに完璧なリズムで、全部動かしてくれている**

のです。

そう、あなたはありのままで「真我」が「実践」されています。**初めから完全で完璧なあなたとして実践されている、ということが「真我の実践」の意味です。**

24時間、365日、思い出した時で構いません。一人でいる時、また、誰かといるも常に「真我の実践、真我の実践……」と、唱え続けてください。唱えているだけで、あなたの中の神、真我にフォーカスが当たります。

人の本質は、真我です。真我から湧いてくる心、言葉、行動でいくと、矛盾のない調和の世界で生きることができます。そのためには、常に自分の真我を引き出すように、何が起こっても心のハンドルを真我でコントロールできるようにすれば良いわけです。真我の方向に、思い切りハンドルを向けるための1つの方法が、「真我の実践」を常に唱えることなのです。

そうすると、あなたの意識次元が確実に上がっていきます。その上がっていった意識で出る発想、考え方、またそこから出る言葉、行動は、以前のあなたとは全く違ったものになるでしょう。

そして、結論的に何をやってもうまくいくようになり、あなたの運命が大好転していくのです。

他にも、特にがんの方にお勧めしているのが、次にご紹介する「奇跡の言魂（ことだま）」を読んでいただくことです。こちらも、声に出しても出さなくてもどちらでも構いません。この言魂を読み、焦点を合わせていただくことで意識次元が上がり、真我のエネルギーで変化していくことができます。ご自身が置かれた状況に応じて取り組んでみてください。

「奇跡の言魂（ことだま）」

真我に病（やまい）なし　真我は久遠（くおん）の生命（いのち）　真我は大調和
真我は愛そのもの　真我は無敵　真我は神
今こそ真我　今夢より目覚め　神に目覚め
歓喜も　感謝も　無償の愛も　反省も
すべて真我の内にあり
宇宙の実相は神なり
そして　わが真我も宇宙とひとつ
愛は調和　調和は真我　真我は完全　真我は無限
今　久遠の生命を自覚せり
今　全体の生命たる宇宙の
生命と融合調和せり
迷いは夢　心配は夢　悩みは夢　病は夢

神なる真我に目覚めしとき　これらの夢は消えゆるなり
慶(よろこ)びの内に迷いなし　慶びの内に心配なし
慶びの内に悩みなし　慶びの内に病なし
真我に目覚むる慶びにひたりたるとき
人生の目的は達成さる
そのときこそ出発なり　目的地と出発地は一体なり
神の法の前に因果(いんが)の法は絶無(ぜつむ)なり
神の法に目覚めよ　真我の法に目覚めよ
すべてはひとつ　すべては永遠　すべては大調和
生きることは喜びなり　歓喜なり　愛なり　感謝なり
ひとつに目覚むることである
永遠に目覚むることである
無限に目覚むることである
われの本体は真我なり

一点の迷いもない　一点の曇（くも）りもない
今　わが真我は
雲間より煌々（こうこう）と照らす　愛の光なり
この宇宙　地上の生きとし生けるもの
森羅万象（しんらばんしょう）に　千億無限の光を放つ
神の光しか見えぬ　神の愛しか見えぬ
われは今　自覚せり
不死なる生命を　久遠の生命を
無限なる全体の生命を
われは今　歓喜と光に包まれたり
宇宙よ　ありがとう
神よ　ありがとう
真我よ　ありがとう
生きとし生ける　すべてのものよ　ありがとう

わが細胞のすべては　光に包まれ
大笑いしたり　喜びたり
魂こそ真のわれなり
わが魂は　無限億光年離れし
この大宇宙に広がれり
この自覚こそ
この世に生まれし　究極の目的なり
今　全身の内に　わが本体たる魂と細胞が
至福の喜びに包まれたり
今こそ　目覚めのときなり
今　今　今　今完全に目覚めたり
ありがとうございます
ありがとうございます

〈喜びの体験談〉

卵巣がんが消えて、人生のパートナーまでみつかった!

秋沢さん（仮名）50代・女性

2年前の11月、卵巣がんが見つかり、手術を受けたのですが、摘出した腫瘍はすでに4kgにもなっていました。

真我や仲間のお蔭で不安はほとんどなく過ごすことができましたが、手術後は抗がん剤治療を受けることになり、その抗がん剤治療は、想像以上に私には辛いものでした。その後、佐藤先生に面談をしていただき、このように言われたのです。

「がんは手術や抗がん剤だけではダメなんだよ。根っこが何なのかに気付いて、そこに手を付けないと、何度でもまたがんになるんだよ!」と。原因と結果の法則です。しかし、私にはその根っこが何なのか全く見当もつきませんでした。

佐藤先生は「別れたご主人を人として愛せますか?」と私に尋ねられました。私は、別れた主人には感謝していると思っていましたが、正直なところ、佐藤先生のおっしゃることの本当の意味がよく分からないでいたのです。その後も抗がん剤治療を受けながら、辛い日々を過ごしていましたが、そんな中、自分がこれまで、どれだけ離婚した主人や子供たちの気持ちを分からずにいたかなど、いろんなことに気付き始めたのです。

しばらくすると、今度はがんが脾臓(ひぞう)にまで転移していることが分かり本当にショックを受けました。しかし、この時も佐藤先生からは「全部うまくいくから大丈夫！」という信じられない言葉が返ってきました。

ただ、現実は厳しく、さらに3度目のがんの転移を医師から告げられ、自分ではこれ以上どうしていいか分からず、何に気付けと言われているのか、何をすればいいのか、ただただ涙が溢れ、死への恐怖で眠れない日々が続きました。

そんな中、佐藤先生にお会いして現状を伝えると、先生は厳しい口調で「自分の身体は自分で治しなさい！」と私に言われました。その日の集中カリキュラムで、あがり症の私は勇気を振りしぼり、皆さんの前に出て体験談を話したのです。

そして、不思議なことに「がんは転移しましたが、自分で治します！」と無意識にそのような言葉を発していることに驚きました。

その週末、私は集中カリキュラムを無我夢中で受け、その頃から、次々と不思議な流れを感じ始めました。そして、ようやく佐藤先生に言われた「自分の身体は自分で治す」ということが腑に落ちたのです。


その日の夜から「真我一色」を心に誓い、行動開始です！　奇跡の言魂を半紙に書き、佐藤先生のＣＤを真剣に聞き、部屋を断捨離し、瞑想を続け、言魂を読み、不安や恐怖が出そうになったら「真我の実践」を唱え続けました。

さらに、病院の治療はキャンセルし、定期検診のみにしてもらいました。すると、これまでの出来事の点と点がすべて結びつき線になり、ついに、自分自身の「真我」に確信が持てたのです！　不思議な流れの中、何とがんが消えていたではありませんか！　また、それと同時に新しいパートナーが現れて、１年も経たずに再婚しました。

本当に感謝と驚きでいっぱいです。佐藤先生、本当にありがとうございます。

佐藤先生、そして、皆様に心から感謝いたします。私はこれから新しい一歩を踏み出します。真我に出会う前はこんな人生があるとは思いませんでした。これからが私の本当の人生です。

真我で仕事をして、真我で生きていきます。ありがとうございました。

第5章　がんの根である「過去の記憶」を消す　佐藤康行

がんの根である「過去の記憶」を消す

「がんの木」を根っこから全部取る

病院では放射線治療などで何とかがんを消そうとしますね。がんを木に例えると、木には根っこがあり、根のほうから栄養分を吸い取ります。それによって、上にあるがんの部分が大きくなるわけです。本当は根っこをどのようにして消すかが大事なわけですが、しかし、今の技術や医者が注目しているのはレントゲン、またはMRIに映ったがんなのです。

もし仮にがんが消えたとしても、まだ根っこが残っています。この根っこがある限り、また別のところにがんが現れたりするのです。

ガン
根
（原因）

根っこは、集合的無意識に全部つながっています。ユング心理学で提唱されている集合的無意識とは、個人の意識よりも深い意識で、様々な側面がありますが、一言で言えば全人類に共通した無意識です。集合的無意識には、その環境による記憶があります。この時代に誰かと出会うのも環境ですし、そういうものが全部心に影響します。例えば、新型コロナウイルスが世界的に流行したことで、全世界の人たちの心にすべて影響するわけです。

戦時中と戦後では、時代背景も環境も違ってきますよね。それらを全部ひっくるめたものが、がんの木の根っこになっているのです。

しかし真我を知ったら、その集合的無意識でさえ幻のようなものにすぎません。集合的無意識の奥に、真我があります。真我は集合的無意識ではありません。真我とは神の心、仏の心、宇宙の心です。つまり、いわゆる人間の心ではないのです。

なぜがんになったかというと、今までの考え方で、今までのとらえ方で、そして今までの生活で、今までの食べ物で……と、今までの生き方が結果になっています。ということは、今までと同じやり方でいくと、治すのは難しいと言えるのではないでしょうか？　もしかすると、今までと同じ生活を続けていたら死に向かってまっしぐらかもしれません。

「お手上げ」だから、宇宙の力で解決できる

人間には、体や心の不具合を自動的に修復し、元に戻していく作用があります。ケガをしたり、調子が悪くなっても、自然に治してくれる力があります。薬が直接治してくれるわけではなく、自然に治す力を応援する役目を果たしています。

自然治癒力で傷口が消えるように、がんが消えてもおかしくはありません。「がんとは命に関わる病だ」と私たちは思っているので、がんが消えれば不思議なように見えますが、過去の病気も全部消えているではないですか。もし、その人の性格が変わって物の見方が変わったら、当然、起きる病気も変化していってもおかしくはないのです。

確かに、がんにかかるというのは多くの人やそのご家族にとって一大事でしょう。しかし、そういう難しい問題こそ、実は大きなチャンスです。

なぜかと言えば、**「自分では解決できない」**とお手上げになりますよね？　このお手上げが大事なのです。お手上げになったら、宇宙の力を使うしかありません。私は、自然治癒力は体だけでなく心にもあるととらえています。答えはただ一つ、真我の目覚めしかありません。

全部解決できるのです。やっているのはただ一つ、真我の目覚めだけなのです。そうすることで病の原因である「過去の記憶」は全部、きれいさっぱり消えていくのです。

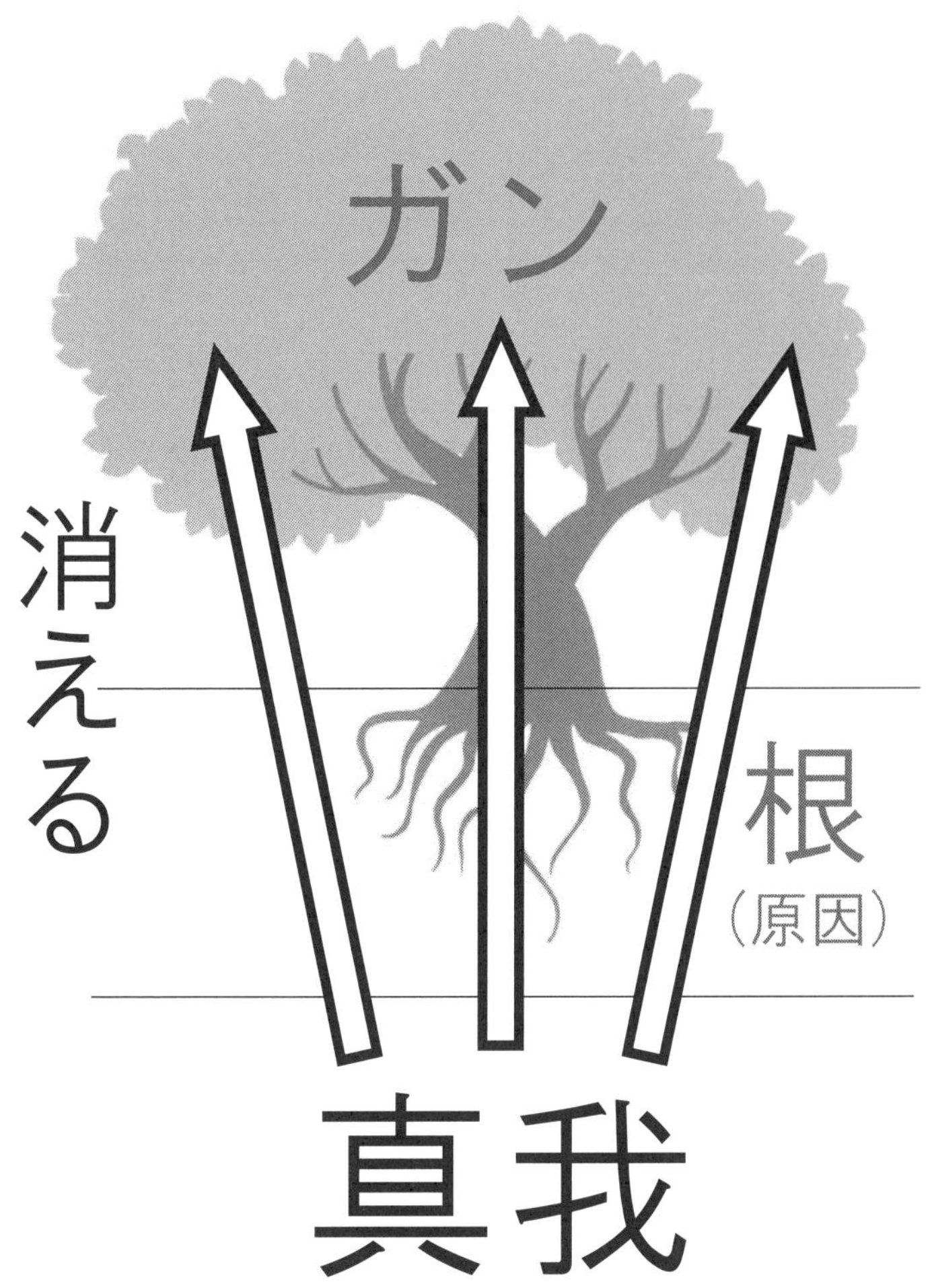
ガン
消える
根
（原因）
真我

がんにかかってからがんを手術で治せば、確かに手ごたえを感じるでしょう。しかし、そのがんのもと、根っこである心が変わっても分からないわけです。それは、がんの原因である心はMRIに映らない世界だからです。

心まで映るような機械ができたら、より未然にがんを防ぐことが可能になるでしょう。**とにかく、心が変わると性質も変わるということが、私の30年間見てきた結果です。理論ではなく、私は本当に真剣勝負で、生身の人間を相手にしてやってきました。**

真我に目覚めたら、家族のがんが治ったという方もたくさんいます。人はつながっているからです。今の社会で普通に考えれば、自分が真我に目覚めたことで家族のがんが治るなんて、関連性がないように思えますよね？　しかし、真我で全部説明できるのです。**真我は「もともと一つ」だからです。**

人間は「光そのもの」という前提

がんは、がん細胞でできています。では、その細胞は一体何でできているのでしょうか？　素粒子でできている、あるいは遺伝子でできているというとらえ方もできます。しかし、そういうとらえ方をすると、変えることはできません。それは物理的な発想です。

私は、細胞ですら「過去の記憶」でできているととらえています。いえ、細胞はもちろんのこと、心を含めた人間そのものが過去の記憶でできているととらえているのです。過去の記憶が、細胞として、人間として、全部現れてくるのです。

あなたには必ずお父さん、お母さんがいます。お父さんにもお父さんとお母さん、お母さんにもお父さんとお母さんがいますし、その先代にもさらに先代がいて、延々と遡（さかのぼ）ることができます。

30代も遡ると、ご先祖様の人数は何十億人にもなるそうです。江戸時代も、鎌倉時代も、縄文時代も、原始時代も、間違いなくご先祖様がいたのです。いないわけがないですよね？

ですから、DNA的に言えば、あなたは何千年と、何万年と生きていると言うこ

とも可能だということです。その大勢のご先祖様の記憶を引き継いで、今を生きているのです。

もし、おじいちゃん、おばあちゃんもがん体質で、早くに亡くなるＤＮＡを背負っていたら、どうにもできないことになってしまいます。そういう体質に生まれたために、両親、祖父母を恨んだとしても、恨めば恨むほどがんの勢いが増してくる可能性すらある。そうなると、手も足も出ないということになってしまいます。

これが、「人間は過去の記憶でできている」ということの意味です。**この過去から背負ってきた記憶を何とかできたら、信じられないような奇跡が起きるかも知れない。私はそういう前提でやってきたのです。人間は完全完璧だと、光そのものだという前提でやる。そうすれば、本当にその動きになります。それを全部、形に表し、本に表したりしてきました。**私は、これを「**逆システム**」と言っています。もうすでに天から授かったシステムがあるのです。

真我、本当の自分に目覚めるというのは、「過去の記憶」という根っこを消していくことです。もちろんＹＳメソッドだけでなく、現代医学での治療もされたらいいでしょう。どちらかを選ぶではなく、存在する治療法の中から必要と思われるものを全部されたらいいのではないでしょうか。帯津先生がまさに「大ホリスティック医学」を提唱されているのは、そういう意味だと思います。心を変えることと、病気そのものに立ち向かうことの、両面でのアプローチです。

この考え方と行動ががんを完治させる！

人間の病気には、必ずその原因があります。その人の考え方であり、心であり、行動であり、すべてそれが元になって、がんなどの病気になります。その病気の元がある限り、病気は何回でも再発したり、もっとひどくなったりします。

「治そうとする力」と「病気」は、綱引きをしています。繰り返し述べますが、どんどんひどくなるか、どんどん治るかのどちらかです。つまり、病気を根本から治したいなら、その元になる考え方や行動をすべて変える必要があるのです。

ここでご紹介するのは、非常に珍しいタイプの悪性リンパ腫にかかりながらも、真我だけに焦点を当て、考え方も行動もすべて変えることで見事に完治させた、森沢さん（仮名）という男性の体験談です。

寛解率30％の悪性リンパ腫が、たった5か月で完全消滅

森沢さん（仮名）40才・男性

まず僕が病院に行ったのは、もともと腰のヘルニアが辛くて、その治療のためでした。そこで皮膚検査を受けたのをきっかけに、地元の先生の紹介で、名古屋でも有名な病院でがん検査をしました。細胞が1ミリ単位で分かるＰＥＴ―ＣＴという精密検査をしたところ、左の腰に１３．８７ｃｍ、右足のつけ根に４．１５ｃｍ、右太ももに５．４４ｃｍなど、４か所にがんが見つかりました。

最初はステージ２だという診断でしたが、その後の検査で骨髄への転移が見つかり、ステージ４だということが分かりました。

非常に特殊な悪性リンパ種で、医者からは「あなたの病気の治癒の平均的な確率は50％、寛解する可能性は抗がん剤5種類による治療で30％」と言われました。悪性リンパ腫は再発が多く、一般的には一生付き合わなくてはならないがんと言われています。

自分では、がんになったのは色々なことで悩んでいたのが原因だと思っています。うちは建築関係の自営業で、両親と僕がよく怒鳴り合っていたとか、20才の時に一番の親友を白血病で亡くしたことのトラウマとか、うつ病になりかけたとか、そういう色々な思いが病気を引き起こしたのではないかと考えています。

僕は診断後、すぐに徹底して佐藤先生に焦点を当てるようにしました。まず、「夫婦で『真我の実践』を1日1万回唱えなさい」と言われたので、ずっと続けていました。そして、がんが発覚して入院する前に、佐藤先生の集中カリキュラムを受けました。その時、佐藤先生から「色々なものを聞いた方がいい」とアドバイスされたので、入院してから病院の個室部屋では、DVD、CD、パソコン、MP3、スマホ、タブレットなど6つのツールを同時に使って、1日24時間ずっと佐藤先生の動画や音声を流しっぱなしにしました。それに、先生の本とブログも読んでいました。

入院中は、抗がん剤治療をしていましたが、僕はアレルギーがひどく、しかも、のどが弱いので、首が絞められる感じでした。その後、アレルギーは相変わらず出たのですが、佐藤先生の音声を毎日聞いているうちに「まだまだ自分はやっていける」と思うようになったんです。自分の免疫力が高まった感覚があって、もっとひどいアレルギーでも耐えられると、そう思えました。

その後、1回目の抗がん剤投与後の写真が送られてきました。なんと、がんが半分くらいになっていたんです。それ自体がとても凄いことだと病院の先生は言っていました。

抗がん剤にアレルギー反応が出たので、5種類使うはずの抗がん剤はたった1種類だけになったのですが、不思議なことに血液検査をしても、僕はアレルギー体質ではなかったのです。その後、その1種類の抗がん剤だけで治療を進めましたが、アレルギーは発症せず、髪の毛も抜けずにフサフサのままでした。

そして、その数か月後の検査で、がんが全部無くなっていたんです。がんになってから約5か月が経った頃のことでした。

結局、最初から最後まで抗がん剤を1種類しか打っていません。病院の先生は「ステージ4では、ほとんどあり得ない」と言っていました。ちなみに、退院してがんが治った今でも、家で学長の音声を流しっぱなしにしています。

今回、がんをきっかけに真我を追究して起こった奇跡は、それだけではありません。

実は入院前に、仕事で一緒に工事をやっている人と喧嘩別れしていたんです。その後、ある仕事の依頼でその人に電話したら、「お前と喧嘩中なのに何で仕事を受けなくちゃいけないんだ」と、ものすごい言い方をされて、落ち込みました。

そのとき、佐藤先生の本をもう一回読んだんです。お墓参りして、入院の前日にその人の所に行きました。相手は全く問題なかった、完全完璧なんだという大前提で、そういう想いで、面と向かってその人の素晴らしさを言葉で伝えました。そうしたら全部仕事を受けてくれました。その行動だけで愛がいっぱい溢れてきて、嫌なことが全部解決しました。

また、妻も佐藤先生の新しい動画やテキストの購入を決めたところ、その瞬間に、会社に社長である僕がいないのにめちゃくちゃ忙しくなったり、仕事の電話が鳴りっぱなしとか……。他にもすごいことが起きています。

実は、真我は10年前に受けているのですが、その追究の質が当時と今では全く違います。もちろん、がんになってからの方がはるかに濃いものになりました。病気になってさらに真我が追究できたこと、パソコンもスマホもありますから、ベットで寝ながら真我を開けるなんて、とても幸せでした。そう考えると、もしがんにならなかったら、こんなに真我を追究して、色んな人の愛情や感謝とか、ありがたさとか、温かみをこんなに感じられることはなかったと思います。

入院中は、何も考えず真我だけやっていました。それだけはブレずにやっていました。焦点をすべて佐藤先生へ合わせました。

その結果、両親も変わっていきました。よく僕と喧嘩をしていた両親ですが、すでに母は２〜３回ＹＳメソッドを受けていました。でも、父は全く受けていなかった。それが、僕ががんになったお蔭で、佐藤先生に会って、ＹＳメソッドを受けてくれたんです。その後、父は僕に「家族を全部変えてくれてありがとう」と言ってくれました。今、僕たち家族は大きな安心感の中、幸せに暮らしています。

あまり偉そうなことは言えないですけど、辛い時ほど、ダメになりそうな時ほど、真我をやるべきです。僕は辛い時ほど真我をやって、楽になりました。

これからは、たくさんの人に真我をお伝えできたらと思っています。佐藤先生と出会えたことに本当に感謝しています。病気になって、先生が言われたことがよく分かるようになったので、もっと真我を追究していきます。できれば、色んな人に自分の体験を伝えていきたいです。それが佐藤先生への恩返しだと思っています。

森沢さんの体験談は、いかがでしたか?

治っていく力には、自然治癒力、免疫力があります。それを強めていくと病気は治っていきます。その免疫力を強くする、治っていく力に協力してくれる「エネルギー」で治っていくのです。

アインシュタイン博士が述べたとされる、「いかなる問題も、それを作り出した時の意識レベルでは解決できない」という言葉があります。考え方や行動を変えないことには、本当の意味で問題が根本から解消されることはありません。しかし、人間の考え方や行動は、過去の記憶に多大な影響を受けているので、変えることは難しい。しかし、真我であれば変えることができます。真我に過去の記憶は無いからです。真我を実践した時、病気という問題が起こるレベルから、全く問題のない神意識へとレベルが変わります。

森沢さんは、がんと診断されてから私のお伝えする方法を全面的に受け入れ、真我を実践してくれました。その治っていく力に全面的に協力するやり方で、がんを完治させたのです。

輝く心を引き出す「太陽のカウンセリング」

あなたは、自分の心を自分で自由にできますか？　人間は「頭」を使うことはできますが、「心」はなかなか自由に使えません。だから世の中では悩んでいる人が多いのです。

人間が悩む時や苦しむ時は、ほとんど自分の心が苦しめます。心の表面にある頭は使えるけど、心までは使えない。だからうつ病や統合失調症など、心の病が世界的に蔓延しているのです。

新型コロナウイルスも、中国から始まって一気に広まっていきました。それも怖いことですが、ウイルス自体よりももっと広がっているのは、その恐怖感です。経済にも全部影響しますし、本来、日本に遊びに来るはずだった人も遊びに来なくなります。その恐怖感は、心から来ているわけです。勝手に思い込んだり、妄想したり。それが風評被害にもつながります。

私がカウンセリングをする際、相談に来られた方に「あなたの心の奥には、完全完璧な、太陽のような心があるのですよ」とお伝えしています。ここまで読み進めていただいたあなたはお分かりですよね？　そう、心の奥にある太陽とは「真我」のことです。

私は、何かを相手の方に教えるようなことはありません。**相手の方の中にある「完全完璧な、太陽の心」をすべて引き出すのです。全部、相手の方の中にあるのです。やる気も、生命力も、自然治癒力も、個性も、人を愛する気持ちも、感謝する心もあなたの中にある。全部自分の中にあるわけです。**それを天空に輝く太陽になぞらえて説明させていただいています。

この輝く自分がきちんと見えるように出てきたら、あとは自動的に言葉となり、態度にも表れ、そして運命となって変わっていくのです。

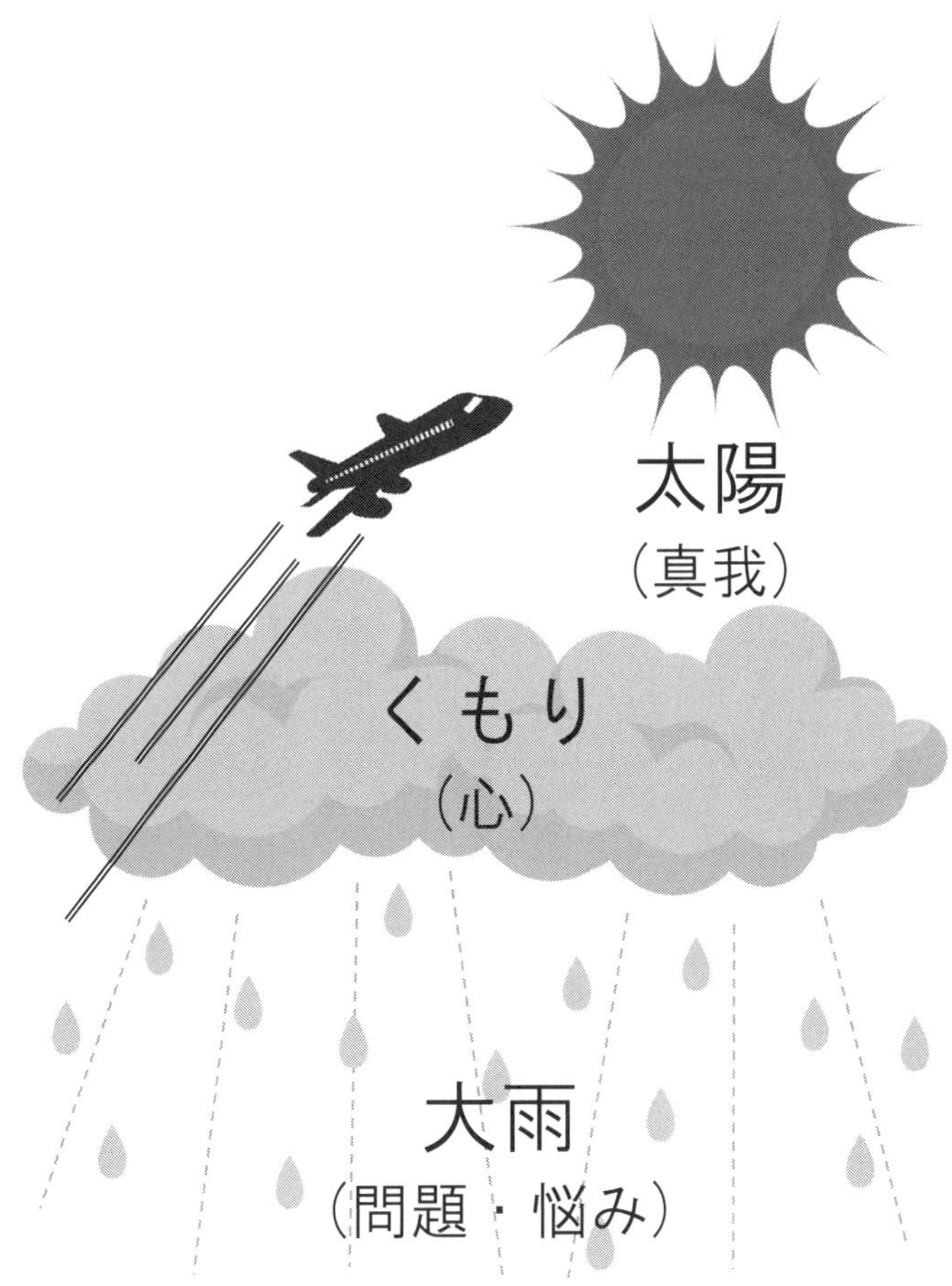
太陽
（真我）
くもり
（心）
大雨
（問題・悩み）

空の天気でも、晴れたり曇ったり、時には大雨や大雪、台風のように暗くなったり荒れたりします。しかし、どんなに大雨が降っていても、飛行機で雲を突き抜けると、常に輝く太陽があります。

私たちの心も、明るくなったり暗くなったり、時には荒れたりしますが、どんな心の状態であっても心の一番奥には元々常に光り輝いている太陽のような心、真我があります。「完全完璧な太陽の心がある」ことだけに焦点をあてて、相談者の「太陽の心」「真我」に向かって話しかけるのです。

全人類が持っている「太陽の心」

私は、自分の考えを相手の方に植え付けたりはしません。カウンセラーは、本来そうでなければいけません。あなたもそう思いませんか？　カウンセラーが「このやり方でやりなさい」というのは、そのカウンセラーの考えで行動しなさい、ということです。でも、そのカウンセラーは責任を取ってはくれません。すべての責任を取るのは、自分なわけです。間違ったかどうかというのは、他人の考えを基にしていたら分からないじゃないですか。しかし、自分の責任で動いたのであれば「こうやったから間違ったんだ」と分かり、そこを正せばいいわけです。

「太陽の心」は、全人類みんなが持っています。「太陽の心」は、イメージではありません。イメージとは「作りごと」にすぎません。イメージとは、自分の脳の中にある一番浅い世界であり、本当のことが出てきたときに、「作りごと」は消えてなくなります。

次ページの図をご覧ください。図の一番下にいるのがあなたです。一番上には太陽の心、真我があり、太陽とあなたの間を遮るように黒い雲、白い雲があります。雲が「心」だと思ってください。黒い雲はどんよりしていて、その雲が出ることによって下が暗くなります。まさに重そうな雲です。白い雲は軽そうな雲で、天候が荒れそうな変な予感はしません。

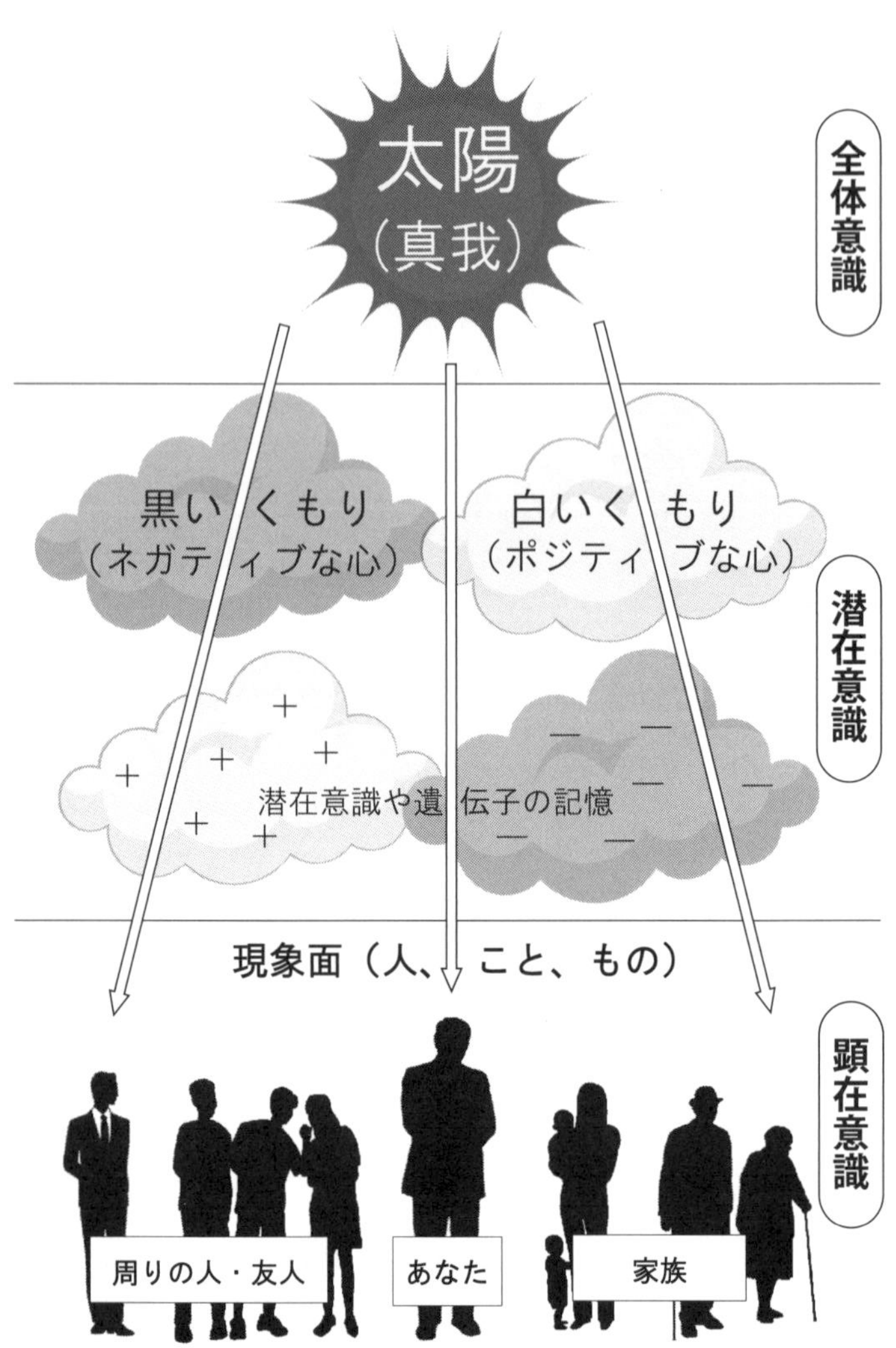
太陽
（真我）
全体意識
黒いくもり
（ネガティブな心）
白いくもり
（ポジティブな心）
潜在意識
潜在意識や遺伝子の記憶
現象面（人、こと、もの）
顕在意識
周りの人・友人
あなた
家族

黒い雲は、ネガティブなことです。苦しいとか辛いとか、憎しみ、恨みだとか、嫉妬、不安、持ち越し苦労、取り越し苦労といった心です。

白い雲というのは、ポジティブな心、明るい心、幸せな心。**そして、「私には大した問題はない」「十分これでいいんだ」と思う心です。しかし、それこそが実は問題となる場合があります。**白い雲は「私はいつも感謝している」という思い込みや、「人を愛さなければならない」などといった観念を含みます。だから、そういう人は勘違いすることも多いのです。**「自分は分かっている」と思い込んでいるだけで、実は心の中に黒い雲があるのです。**

みんな太陽の存在を知りませんから、普通は白い雲になりたいと思います。だから、黒い雲は白い雲に嫉妬します。反対に、白い雲は黒い雲に優越感を持ってしまいます。そして、「あいつはなっていない。ダメだ」と見下すのです。**でも、黒い雲も白い雲も、どちらも「太陽」ではないわけです。**

「太陽のカウンセリング」を受けていただくと、あなたの意識は太陽だけにアクセスして、真上にピッピッピッと上がっていきます。上がっていくと、その隙間から太陽の光がスーッと出てきます。雲の隙間から太陽の光線が出てきます。

そうすると、間もなく黒い雲がより大きな黒い雲になり、ザーッと雨となって降ってきます。大雨が降ると、私たちは「今日、天気が悪いな」と言いますよね？これを好転反応と言います。実際の天気もそうですが、雨が降らなければ困るじゃないですか。太陽ばかりでは、生物が死んでしまいます。雨のお蔭ですべての生命が潤っているわけです。普通、私たちは雨が降ると「天気が悪い」と言っていますが、本当は良い天気なのです。台風だって良い天気です。空を綺麗にしてくれている、良いことなのです。

そのように受け取れば、すべての時間の無駄をなくすことにもつながります。黒い雲も白い雲も、どちらも良いのです。白い雲は、なかなかすぐ落ちてこないですね。

悩んでいる人の心を「黒い雲」だとしたら、悩みが深い分、早く太陽に気付きやすい。多くの人がポジティブな「白い雲」の方が良いと思っているわけですが、しかし「太陽」から見れば、むしろ黒い雲の方が真実に気づきやすいということです。

悩みや病気の原点は、両親との関係にある

「太陽のカウンセリング」で心の雲が晴れてスカッとすると、色々な問題が自動的に解決します。しかも、カウンセリングを受けた人だけが解決するのではなく、あなたの家族、周りの人たちまでこの太陽の光の恩恵を受けることになります。

あなたの意識が広がった中に、世の中の色々な人が入るからです。太陽が出てきたら、地上全部を照らすことになります。だから、周りに良い影響を与えるということです。

人間社会での「悩み」とは、人間関係から始まるものがほとんどで、その原因はすべて心にあり、「根本原因」と、「環境原因」の2つに分けることができます。根

本原因とは、ＤＮＡもそうですし、お父さん、お母さんを含む先祖代々の記憶のこと。本書でも述べてきた通り、人間は記憶でできています。この記憶を抱えて、人間は生まれてくるわけです。

そして、お父さん、お母さんからの育てられ方、兄弟との付き合い、学校の先生など様々な人の影響が「環境」です。根本的な原因と、環境的な原因の影響を受けて、悩みが生まれます。さらには悩みだけでなく、例えばがんやうつ病といった病気につながることも多いのです。

この今悩んでいる人間関係の、一番元となる原点は、「お父さん」「お母さん」との関係性にあるということです。

あなたがオギャッと生まれたら、そこに「根本原因」「環境原因」である両親が存在するわけです。例えば、お父さんお母さんが自分の上で大げんかして、血みどろになっていたら、この世は戦争だ、とんでもないところだと感じるでしょう。それが潜在意識に残ります。

女性なら感じたことがあるかも知れませんが、妊娠している時のお母さん、お父さんの思いが、お腹の中の子にも全部聞こえています。口に出しただけでなく、思っただけでも聞こえています。それが後々、その子に影響を与えるわけです。

人間はそのやり方しか知らずに、先祖代々同じパターンを繰り返してきました。昔、戦争の時に、憎い敵には武器を持って戦うしかないと思っていたら、現代でもそう思ってしまう可能性があるわけです。戦う以外のやり方は分からない。心の中で「戦うぞ」と思っていたら、それはもう実現しているのと変わりません。ですから、相当危ないのです。

まず、その父母との人間関係を改善することが、今現在の悩みの解決につながります。たとえお父さん、お母さんからの虐待に遭ったとしても、子供にだけは親を恨む権利がありません。なぜならば、今あなたがこの世に生まれ命があるのは、そのお父さん、お母さんがいたからです。

お父さん、お母さんがいない人はいません。たとえ亡くなっていたとしても、「お父さんとお母さんがいたから、あなたが生まれた」という真実は変わりません。

これを原点にすれば、人に対するとらえ方も変わってきます。両親が離婚しようが、けんかしようが、間違いなく、お父さんの精子とお母さんの卵子が結びつかなければ、あなたはいなかったのです。だから、その瞬間は愛していたわけです。

そこだけをとらえた時、**自分自身が「私は両親の愛の結晶だ」という真理が見えてくるわけです。**

「太陽の心」は、光です。愛です。無限です。永遠です。自分や両親だけでなく、すべての人を愛することができる心が、あなたの中にあるのです。太陽が出てくると、光は闇を瞬間に消していきます。

太陽は、光は、闇が大好きなのです。闇によって光の存在が明確になるからです。

あなたはこれまで、自分の中にある太陽を見たことがなかったとしても、太陽はずっと存在していました。一秒たりとも沈んだことはありません。雲にさえぎられて、太陽の姿が見えなかっただけなのです。それをあなたも発見できるのです。

真我の「反射鏡」で親のがんが消えた理由

私のもとには、にわかには信じられないような奇跡の報告が、続々と寄せられています。例えば、ある女性が真我を開いたらお父さんのがんが消えたという、素晴らしい体験をされた方がいます。さらには先日、東京での集中カリキュラムに参加した人たちからの報告で、すごいことが分かりました。**お子さんが私のもとで真我を開いただけで、親のがんが消えた人が4人もいたのです！**

普通、娘さんの心の変化が親のがんを治すなどということは、関連付けたりしないでしょう。しかし、実際にそういう方が今、続々と現れています。また、そうなる理由も簡単に説明できるのです。

鏡に例えてお話ししましょう。鏡には、自分の姿がそっくりそのまま映りますよね？　お父さんの心が、言動、行動という映像となって娘さんの心に映ったら、娘さんにとって、全世界の男性像がお父さんになるわけです。それは、生まれてから最も影響を受ける異性がお父さんだからです。娘さんがお父さんに対する恨みを持っていると、それが反射鏡でお父さんに映ると思ってください。

その恨みが、真我を開くことでお父さんに対する感謝に変わった時、「こんなにいいお父さんだ」と変わった時、今度はその心が鏡に映るわけです。神である、愛そのものであるお父さんが映った時、お互いの真我が反射鏡となり、その姿を見えなくしていた過去の記憶が変わります。娘さんとお父さんが真我で素通しになり、お父さんの病気が消えていったということなのです。そのまま家族に、反射鏡として映っているのです。

恨みを持った心をそのまま映すのか、それともその奥にある、内なる「真我」、病気のない「真我」に反射鏡で映すのかということなのです。それによって現れる姿があります。もし、今お伝えしたことを意識的にできるとしたら、これは世紀の大発見ですよね？　そう、それが本当にできるのです。

〈喜びの体験談〉

「がんは家族が大調和するチャンス」

山川さん（仮名）男性・50代

人生がすべての面において素晴らしい方向に向かっておりますので、ご報告させていただきます。一つは仕事、一つは家庭、一つは病気です。

私が真我に興味を持ったきっかけは、仕事上の悩み等からでした。私は当時、何とか職場を維持存続させようとして八方ふさがりの状態になってしまっていました。

また、仕事に集中するあまり、心のエネルギーを使い果たし、家庭のことを後回しにしていました。そして家庭の状態はあまり良好ではありませんでした。田舎に移るという私の計画も、先が見通せない状況の中での計画でした。

自分は、親との関係を見直す中で、「解決策は自分の中にある」「自分の次元を上げて、自分が発光することがすべての鍵だ」と悟りました。そして、心の中から周りへの「愛と感謝」があふれてきました。自分が母親や父親に対してそれまで否定的な思いを持っていたことにも気づかされました。

その後赴任した職場では、「愛と感謝の経営」を実践し、職員や顧客の「無限の可能性を引き出す」ことに取り組みましたが、その取組がめざましい成果を上げ、ある大きな賞を受賞し、広く紹介されることになりました。

また、同時に家族も安定の方向に向かい、子どもたちが次々に結婚し、孫も誕生しました。しかし、移転計画が進んだ段階でも、まだ家族には不安定な部分がありました。

その頃、子どもの一人ががんであるという知らせが飛び込んできました。抗がん剤、放射線治療等を行うということで、目の前が真っ暗になりました。佐藤先生からのご指導は何と「奥さんとのことを見直すこと。全く新しい夫婦になりなさい」ということでしたが、意を決して実行してからは状況はどんどん良い方向へと向かっていきました。

佐藤先生からは「そのまま愛の流れに乗っていきなさい」というお言葉をいただきました。佐藤先生の音声を聞き、瞑想を続け、「真我の実践」を唱える日々を過ごしました。そしてその後、子どもが病院で検査を受け、「もう大丈夫です」と言われ、家族全員で胸をなでおろしました。

そのうちにそれまで課題のあった家族が田舎の家に集うということが実現したのです。さまざまな人間関係も改善に向かい、「愛と感謝」を感じる穏やかな日々を送っています。

今回のことを通して、改めて「家族の調和」の大切さを感じています。

仕事関係の成果が上がったのも、「家族が一つ」になれたのも、ガンが治ったのも、佐藤先生、皆様、ご先祖様、神仏のおかげです。すべてが「愛と感謝」の完璧な流れで動いていると感じます。

振り返ってみると、私は「……せねばならない」という思いや観念が強く、それをもとに行動していたように感じます。「頭」を外し、「裁く気持ち」や「さまざまな記憶」を捨て去った時、本当の「愛と感謝」の世界、「もともと一つ」の世界が訪れました。

私は小さい頃から「自分は何者で、何のために生まれてきたのか」が知りたいという思いが強く、多くの本を読み、書かれていることを試してきましたが、真我を知った今、それらの書物は不要になりました。そして、自分の使命が「本当の自分を生ききること」であるということも分かりました。

私は、仕事や家庭や、病気などを通した経験から、「本当の自分」ではなく「頭」を主としていることが苦しみの原因だということを知りました。今、困っている人の相談に耳を傾ける生活を送っていますが、問題の本質がよく分かります。「本当の自分に気がつくよう支援すること」「世の中に愛と感謝を発信すること」、これが自分の役割だと感じています。私が直面した諸問題にはすべて意味があったと感じます。

天に恩返しをするために全力を尽くしたいと思います。感謝です。

第6章　永遠の生命（いのち）を悟る

佐藤康行

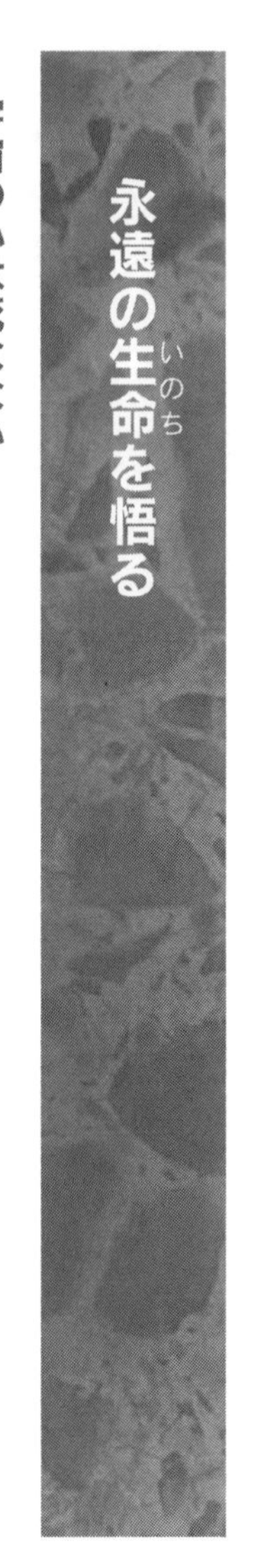

永遠の生命(いのち)を悟る

宇宙の心は死なない

本書をここまで読み進めていただいたあなたは、**どんな知識よりもまずは人間の命、生命の活かし方を知ることが一番大事であることがお分かりいただけたのではないでしょうか？**

例えば今、自分はもちろん家族や友人も健康で、私の話に興味がない人がいたとします。でもこの後、たまたま病院に行ったらがんが見つかって、今のままだとあと数か月の命と言われたら、自分のその思いを変えざるを得ないはずです。

「10億円あげますから、その代わりに今死んでください」と言われて、死ぬでしょうか？　それでお金をもらっても、何の意味もないことですよね？　人間として何が一番大事なのか、何に気づくのが一番大事なのかは決まっているわけです。

ブッダは人間が逃れられない四つの苦しみを「生老病死(しょうろうびょうし)」と言いました。「生」

とは生きることですが、それも苦しみに入っています。「老」は老いること。そして「病気」と「死」。この問題を現代の科学で解決できるのでしょうか？

どれだけ現代科学が進化しても、様々な人間関係からの苦悩など、色々なことで苦しんでいる人は大勢います。年をとることは1秒たりとも止められません。また、病気になったことが1回もないという人には会ったことがありません。そして何よりも、人間には寿命があります。江戸時代、鎌倉時代の人は、現代に1人も生きていませんね。どれだけ天下を取ろうが、全く関係ないのです。従って、愛する人とみんな別れなければいけません。この事実から逃げることはできないのです。


だから、「自分がどういう存在か」を認めることが大事になってきます。

この「肉体」を自分と見るのか、それとも自分の考え方、「心」を自分と見るのか。それとも、私がお伝えしている「真我」を自分と見るのか。**真我は神の心、仏の心、宇宙の心。宇宙の心は死なないわけです。**

「生」は愛そのものですから、生きることは幸せになってきます。真我は、魂が老いることもありません。また、心までは病気がありますが、真我に病気はない。従って、真我を自分と見たら、永遠の命ですから死ぬこともないのです。本当の自分は永遠の命、神そのもの。神は死なない。従って、愛する人とも別れることはないということです。

真我はもともと「生老病死」をすべて超えているのです。

一口に「自分」と言っても、認識は様々です。自分がどういう存在なのか？ どの認識で出発するのか？ それによって人生が全く違うものになります。全く出発点が変わります。

永遠の命を悟るのです。そうすると、死に対する恐怖がなくなり、寿命が長くなります。逆に「死にたくない」という恐怖心を抱いていると、その恐怖という想念が現象化し、死を引き付けてしまう可能性があるのです。

永遠の命を悟ることができれば、たとえ死の淵をっていたとしても、安らぎの中にいることができます。**神の命を悟り、神には病気など存在しないということを悟**

れば、病気が消えてなくなっても不思議ではないのです。

個人と全世界は同時に変わる

人間関係でも、どういう目で相手を見るかによって全部変わってきます。すべて、人間の心です。商売で言えば、心と行動と、人様のお役に立ったかどうかが売り上げという数字に表れるわけです。ということは、すべて人間の心だということが分かれば、数字そのものも変えることができるということなのです。

あなたがピッと意識を向けただけで、その数字を思いっきり上げることが可能なのです。病気を治すのみならず、仕事もうまくいくようになります。大事なのは〝意識〟です。あなたの意識が高まり、考えを深める。そして心が広くなることによって、個人レベルだけでなく世界レベルで、より大きな部分、運命を引き寄せられるのです。

人間は、物ごとを意識でそうとらえただけで、そのものが変わってくるのです。意識が高いというのは、ひっくり返したら考えが深いということ。一番高い所から見ると、全体を見ることができます。心が広い、高い、深い……そのことによって、その広さの中に地球も入るのです。

真我は「内なる小宇宙」です。ですから、すべてが同時に変わります。**あなたが真我の愛に目覚めればいいだけなのです。あなたの真我の心で個人個人が変わるのと、全世界を同時に変える能力は同じなのです。**天災や戦争で命を落とした人は、肉体から見れば不幸ですが、あなたが真我に目覚めた時に全部ユートピアになります。霊的に言えば、真我の心が瞬間に通じた時にパッと天に上がっていきます。**それも、何十億人いても一斉に救うことができるのです。**

まさに天寿を全うした、仏に目覚めた即身成仏（そくしんじょうぶつ）と言ってもいい。地球を一つの霊的なもの、生き物としたら一つです。魂として同じなのです。人間は一つ、だから地球も一つ、人類も一つ、宇宙も一つ、全部一つとしてとらえればいいのです。力も何もいらないのです。

真我瞑想で余命半年のがんを克服

福岡に、肺がんで余命半年と宣告された40代の男性がいました。発見された時には、すでにがんは脳や脊髄を含む7か所に転移しており、もう手術すらできない状況でした。

私がお見舞いに行った時には、彼は死への恐怖に打ち震えていました。私は、その男性に永遠の命を悟るための瞑想法を教えました。彼は毎日何時間も瞑想をし続けました。そして、実にわずか3か月後には、彼を蝕んでいたがんがすべて跡形もなく消えてしまったのです。

永遠の命を悟ると、本来病気などは存在しないということが分かりますから、どんなに重い病気であっても治癒することができるのです。永遠の命を悟ると、心身の健康を保つことができます。さらには、長年背負っていたトラウマさえも一瞬の内に消し去ることができます。そして、両親への深い感謝の気持ちが湧き上がってきます。

私たちの内なる神、真我こそが永遠の命なのです。故に、真我を体感し体得すると、私たちの命は永遠不滅の存在であることを悟ることができるのです。

この現象界で最も真我の愛が現れているのが、父母の子どもに対する無償の愛です。その父母の無償の愛を受け止め、素直に感謝することができれば、その愛が光となって伴侶や子ども、まわりにいるすべての人たちに向かって放射され、あらゆる人間関係がスムーズに流れるようになるのです。そして、明るく健康で、喜びに溢れた人生を送ることができるのです。

山の麓(ふもと)より真我の愛が滾々(こんこん)と湧きいずることによって、そこから流れる清らかな愛の水は、その下流に喜びと幸福という名の恵みを与え続けるのです。そして、あなたの運命という土壌は、痩せ細った荒地から、肥沃(ひよく)で輝きに満ちた土壌に変貌を遂げるのです。

「回復ノート」で病気は黄金の財産になる

本書で私は「人間は記憶でできている」と述べてきました。両親や祖父母と顔や体形が似るように、病気になるのも、体質のようなものがあると考えています。病の原因も過去の記憶にありますが、私自身はがん体質というよりも、脳卒中体質だったと思います。

私の母親も、それで亡くなってしまいました。母が亡くなったのは46才でしたので、その年齢になるのが怖かったです。実際に私が倒れたのは52才ぐらいの時のことでした。倒れた時、「あっ、来た！」と思ったのです。それで左半身が全く動かなくなり、医者には「もう治らない」と言われました。要介護認定の基準でいえば「5」です。もしかしたら、寝たきりになってしまうかも知れない状態でした。

しかし、私は逆にこれをチャンスととらえるようにしました。

一番最初に私がやったのは、小さなノートで「佐藤康行 回復ノート」をつくることでした。どんな小さなことでも回復した点を見つけて、書いていくようにしました。「指がちょっと動くようになった」とか、「顔色が良くなった」などです。

看護師さんにもお見舞いに来てくれた方にも、そのノートと鉛筆を渡して、お世辞でもいいから私の回復度合いを書いてもらえるようお願いしました。

毎日、色々な人がお見舞いに来てくれて、ノートにたくさん書いてくれます。夜、みんなが帰った後、ベッドでノートを見ていると、ちょっと元気が出てきました。

それをずっとやっているうちに、少しずつ心が変わっていきました。

もし、「半身麻痺が治ったら幸せになる」という発想だと、そもそも「治らない」と言われているわけですから、私は一生幸せになれないということです。しかし、状況はどうであれ関係ありません。心はもっと便利なものだからです。

私は医者から「治らない」と言われましたが、元気を取り戻すことができました。それはなぜか？　確かに私は倒れました。普通なら誰もが不運だと思うでしょう。しかし、それを私は黄金の財産へと変えることができました。だから元気になれたのです。

私が病院でリハビリをしていた時のこと……。私と同じ病気で倒れた男性が、「ああ、女房にも逃げられちまったよ」と、リハビリしながら泣いていました。それを見て不憫（ふびん）に思った私は、療法士の方に「心のリハビリはないのでしょうか？」と聞いたのです。しかし返ってきたのは「そんなのは聞いたことがありません」という、あまりにそっけない言葉でした。

そのとき、私は「それなら、私が心のリハビリをやる病院を作ろう！」と誓ったのです。数年後、この誓いは現実となり、ＪＲ東京駅前に「ＹＳこころのクリニック」を創設することができました。

たくさんの方がこのクリニックを訪れ、真我を開いて、うつ病などのつらい精神疾患から次々と解放されていっています。喜びの涙とともに、真の健康と幸福を手に入れ、素晴らしい人生へと歩き出して行く姿を見せてくれています。

私は自分が倒れたことで「回復ノート」のアイデアがひらめきました。このノートは今もＹＳこころのクリニックで提供され、患者様のお役に立っています。また、回復ノートでがんが治ったという報告も寄せられています。こうして私はたくさんの人々を救うことができるようになりました。それは、「脳卒中で倒れたお陰」なのです。私が病気になったのは、光輝く莫大な財産だったのです。

自分の進化を認め、最高の運命を引き寄せる

脳卒中で倒れ入院した私が、夜、病院で「回復ノート」を読んでいた時のことです。一人で読んでいると、来てくれたみなさんの愛を感じました。そして自分に希望が少しずつ持てるようになりました。薄い紙でも一枚ずつ置いていくといつか天井につく……そう思って、少しずつ自分の回復を発見していきました。

入院期間の後半ぐらいになると、いつも笑っているほど元気になっていきました。あの最悪の時からの回復、進化がノートから見えてきたのですね。そして私は寝たきりになるかも知れなかったのに、ベッドから降りて車椅子に積極的に乗るようにしました。

それからなるべく早く車椅子から卒業しようと、少しでも歩くようにと、車椅子を卒業して4点杖で歩くようにしました。今度は足を固める装具を外し、次に1点杖で歩き、ついには1点杖も使わず自分の足だけで……そして、今はこの通り元気です。

元気というだけではなくて、日ごとに若返っていくのです。最近ずいぶん言われます。もう魂も精神も肉体も、全部若返っています。**これは私の話をしているようで、あなたの話をしているのですよ。あなたも私も同じ、真我そのものだということを言いたい。だからあなたも若返りますし、日ごとに進化できるのです。**

この「回復ノート」を書いていると、自分で自分の進化を認めることになります。昨日よりも今日、今日よりも明日と、そうやっているうちにだんだん進化を認め、真我を確信し、黄金の谷を掘り続けることだと思ってください。掘り続けると谷が自動的に深く、そして広がっていくわけです。**すると向こうから黄金が、最高の運命がそのぶん押し寄せ、ズワッと引き寄せられるようにやってきますよ。**

この30年、私が真我開発をやってきて一番心がけていたことは、自分を信じすぎないことでした。全部事実をもってお伝えしています。実際にあった事実はそのまま言えるわけです。そこから、ではこれを他の人にも応用し、意識的に再現できないか？　ということなのです。

私は今、それができると思っています。再現は、ある程度意識的にできるでしょう。無意識の世界を、意識的にできるようになるのです。その秘訣は、本書でもお伝えしているように、真我に踏み込むことです。ご紹介した「回復ノート」も、きっとお役に立てることでしょう。巻末に、回復ノートのＰＤＦをダウンロードできるＵＲＬを記載しました。本書をお読みいただいたあなたへ特別にプレゼントしますので、ぜひご利用ください。

〈喜びの体験談〉

「回復ノート」で母の全身リンパ腫が消えた！

中根ひとみさん　女性・50代

佐藤先生、いつもありがとうございます。佐藤先生に教えていただいた「回復ノート」を使っていたら、母の全身リンパ腫が消えました。本当にありがとうございました。

私は千葉に住んでおりますが、80才の母は淡路島に住んでおります。母が、数年前に医師から全身リンパ腫になっていること、何度も心臓の手術をしているのでもう手の施しようがないと説明がありました。

仕事を持っていたことと、遠くに住んでいるため、なかなか見舞いにも行けず、当時は悩んでおりました。そんな頃、佐藤先生から「回復ノート」のお話をお聞きしました。

佐藤先生が入院されている時、お見舞いに来られた方に必ず前回会った時より良くなっていることをノートに書いてもらうようにされていた。それが佐藤先生の回復にとても効果があったと教えていただきました。

私は早速、お見舞いにいったとき、母にB6のノートに「○○○（母の名前）の回復ノート」と表紙に書いて渡しました。母はとても喜んで受け取ってくれて、毎日自分の体の変化などを丁寧に書いていました。私はお見舞いにいった際には必ず母の良くなっているところを発見し、書くようしました。「顔色がいい」「笑顔が多い」「食欲が出てきた」とか、たくさん書いて帰ってきました。

また、母に毎晩電話をかけ「今日は声の元気があるね」「よく笑っているね」「楽しそうやね」など、必ず昨日と比べて良くなっているところを発見して、言葉で伝えるようにしました。始めてから3か月経った頃、担当のお医者様から、リンパ腫が消えている、こんなことあるんだねぇと不思議そうに説明を受けたのです。

家族もびっくりして、佐藤先生の「回復ノート」のお蔭で、母はとても元気になっていきました。離れていても効果がある「回復ノート」、本当にありがとうございました。

「回復ノート」の使い方

「回復ノート」は、自分で「自分の回復」を認めていくワークです。できないことではなく、「できた」「できるようになった」ことに目を向けていきます。

自分を認めてあげれば、心は本当にその通りになっていきます。「心のハンドル」

をご自分できちんと握ることで、「心の自然治癒力」を引き出し、回復の道を進むことができます。

このノートの記入例と記入用紙を、190～191ページにご用意しましたので、日記のようにして取り組んでください。

●毎日一つでもいいので、昨日よりも少しでも「変化したところ」「良くなったところ」「進歩したところ」などを発見し、記入します。

●自分の心の変化、身体の変化、行動の変化、まわりの変化（人間関係の変化、環境や現象の変化）を見つけていきます。偶然のような出会いや出来事、言われたこと、してもらったことも書き記しましょう。

●どんな小さなことでもかまいません。小さな変化を大きく認めることが大切です。

●「良くなっているところなんてない」と思ってしまいがちですが、「良くなっている」「必ず変化している」という前提で発見しましょう。

●発見できたものは、自分で素直に認めていきます。変化を発見し、認めた分だけ回復の速度が上がります。

●自分に起きるすべての出来事を「良い」「悪い」ととらえるのは、過去の記憶によるとらえ方です。すべてを「真我の愛」という前提でとらえることを意識しましょう。

●自分自身で発見したこととあわせて、家族やまわりの人から言われた変化も書いていきましょう。

●変化とあわせて、してもらってありがたかったこと、感謝を感じたことにも意識を向けて「ありがとう」の欄に書いていきましょう。

●定期的に見返して、自分の変化を確認してみましょう。

※191ページの記入用紙は、拡大コピーしてご使用ください。

記入例

（名前）

＿＿＿＿＿＿＿＿＿＿の回復ノート

変化の発見

年　　月　　日（　　）

わたし自身《心、身体、行動》	心	身体	行動		心	身体	行動
・不安な気持ちが少なくなった	✓			・ありがとうと言えた			✓
・テレビドラマを見ていて感動した	✓			・朝、起きようと思えた	✓		
・食べられるようになった		✓		・笑顔で話ができた			✓
・少し寝られるようになった			✓				
・肌の色つやが良くなってきた		✓					
・外を散歩できた			✓				

まわり《人間関係、環境、現象》	人間関係	環境	現象		人間関係	環境	現象
・家族が優しく声をかけてくれた	✓			・ありがとうと言われた			✓
・友達から電話があった			✓	・ほめられた			✓
・人と話すのが楽しくなった	✓			・手伝ってもらえた			✓
・苦手だった上司と仲良くなった	✓			・きれいな散歩道を見つけた		✓	
・知りたい情報が入ってきた			✓	・近所に美味しいお店ができた		✓	
・プレゼントをもらった			✓				

「ありがとう」の発見

・□□さんが荷物を持ってくれた	・近くを散歩できる
・△△さんが笑顔で話しかけてくれた	・眠る場所がある
・○○さんが本を貸してくれた	・呼吸ができた
・朝食のときに食事に感謝を感じた	・お風呂がある
・住まいがある	・水が飲める

佐藤康行（YS）メソッド

記入用紙

（名前）

＿＿＿＿＿＿＿＿＿＿の回復ノート

変化の発見

年　月　日（　）

わたし自身《心、身体、行動》	心	身体	行動		心	身体	行動

まわり《人間関係、環境、現象》	人間関係	環境	現象		人間関係	環境	現象

「ありがとう」の発見

佐藤康行（YS）メソッド

回復ノートのＰＤＦファイルをダウンロードでプレゼントします！　こちらのＵＲＬから、ＰＤＦがダウンロードできますので、パソコンにダウンロード後、印刷してご使用ください。

「回復ノート」専用シート

ダウンロードＵＲＬ　https://www.ysmh.co.jp/dl01/

あとがき

「地球の自然治癒力を上げるために」　帯津良一

私たちの「命」は、「生命場」は、個を超え、死を超え、虚空にまでつながっています。虚空とは、３０００とも４０００とも言われる宇宙を生み出し、これを抱いている大いなる場です。エネルギーに満ち満ちた偉大なる空間で、「大きな命」とつながっています。

この虚空まで自分の場を高めていき、虚空と一体化するようにするのです。そのための一つの方法として、私の病院では、患者さんに気功をやってもらっています。

また、私は患者さんたちに「死は終わりではない、死後が勝負だ」と言っています。そして、一旦その意味での「死」を受け入れてしまうと、かえって生命力が活性化して、病状が安定したり、回復を見せることがあるのです。

宇宙を生み出した虚空は、宇宙で生きる私たちの生まれ故郷でもあります。いずれ私も、すべての人たちと同じように虚空へ帰っていきます。そう想うと、生き死ににについて大騒ぎするなんて、とても些細なことに感じられてきます。

むしろ、肉体的な死というのは虚空という故郷へ帰ることだと思えば、やがて寿命を終えることが楽しみにもなってくるのです。

西洋医学と統合医学では、死生観すら根本的に異なります。西洋医学は体を中心にした医学です。心と命に対して全く配慮がないわけではありませんが、例えばアンドルー・ワイル博士の著作には「西洋医学は、心についてはほんのリップサービス程度のことしかしていない」、「命にかけては手つかずだ」と書かれています。私もその通りだと思うのです。

統合医学は、医療と養生の統合はもちろん、生と死の統合ということも考えられています。あの世があるかどうか分からないのですが、あの世に展望を持って、あの世があるという前提で入っていくわけです。「よし、向こうへ行ってもうひと働きしよう」と。

私もこの世でやりかけたことがいっぱいあって、まだ中途半端なことがたくさんあるのですが、やり残したことは向こうへ行ってやればいいと思っています。だから今、マイペースでやることができています。

虚空とは、「宇宙のすべて」のことを指しています。宇宙のすべてですから、虚空の外側に何があるのかと言えば、すべて虚空です。虚空には何も無いのですが、宇宙のすべてをはらんで、すべての存在を肯定している空間だと言われています。

肯定とは、調和のエネルギーです。そうやって、場のエネルギーが良くなったら、病院の経営も自然と楽になっていきました。まさに大ホリスティック医学の効果が、目に見える形で出てきたのです。

最近は、世の中の医療の現場のみならず、地球の自然治癒力が落ちているような気がします。まず、新型コロナウイルスの世界中での大流行が挙げられますが、他にも天災がものすごく多くなりました。台風や大雨、地震など、昔はこんなになかったですから。

「天災は忘れた頃にやってくる」と言ったのは物理学者の寺田寅彦先生ですが、彼は１９００年代の初め頃、東大教授だったのですね。その頃はめったに地震などありませんでした。私が学生の頃も、あまりなかったです。

もう一つ、今、朝5時のニュースをテレビで観るのですが、毎日のように殺人事件が報じられています。我々が学生の時には殺人事件なんて聞いたこともなかったです。当時は報じられる数が少なかったという話も聞きますが、今の時代は事件などの情報も浴びやすくなっていることは間違いないでしょう。

さらに世界に目を向けて見れば、紛争も多いですね。これらは地球の自然治癒力が落ちている証拠なのではないでしょうか？　このまま放っておくと、人類は滅びるのではないかと思うのです。

地球の自然治癒力を上げるためには、私たち一人ひとりの意識が大事です。自分の命を育てるという気持ちになって、一人ひとりがちゃんと養生を果たしていく。

それが必要だということを、私はこれからも伝え続けていきます。

「愛の力とは」　佐藤康行

これからの医療は、これまでの医療の枠を超えなければなりません。それをすべて知った上での治療が大切になっていきます。

本書でも帯津先生がおっしゃっていた通り、実は最も自然治癒力や生命力を体験しているのは外科医の先生です。外科の手術で切除したところは、骨も肉も皮も、後で自然にくっついていきます。これはまさに自然治癒力です。

その意味で、医療従事者の意識の高さとバランスがとても大切になってくるのです。

そして重要なのは、自分の中に自然に治す力があると認めることです。**誰かに、何かに頼るのではなく、自分の中にある神、真我を認めることです**。自分の命だから、自分の体だから、自分でちゃんと運転するという意識が大切なのです。

そういう意味で、私の役割は教習所です。運転するのはあなたです。

教習所で運転する技術を学んだら、そこから先はあなたが運転するのです。ずっと教習所の先生に頼っていたら、いつまでたっても自分一人では運転できません。それと同じことです。

あとは、教習所の先生の言うことを聞き、受け入れることです。そしてブレないことです。

本書で紹介した体験談でがんが寛解された方の共通点は、とにかくブレないで真我に焦点を当てていたことです。すでに自分の中にある偉大なる真我を開き、永遠の命を悟ったとき、がんは自然に消えていくのです。

私たちは五感で見えることで、良い悪い、好き嫌い、善悪の感情など、そういうものに振り回され、これが良いというのを求めた瞬間、悪い方も浮き彫りになっていきます。そうして、常に振り子のように動く心が、がんや病気をつくる原因になっています。

しかし、**宇宙が一切振り子のように動かないのと同じように、私たちの心の奥に**

ある真我も振り子のようには動きません。

真我に病はありません。それは、振り子にならない世界です。健康が良い、病気が悪いというようにはならない。ただひたすら真我の心で相手に面し、相手のそのままを受け入れた時に、自動的に相手の病気が消えていきます。

あとは視点です。例えば、今現在毎日のように新型コロナウィルスの感染者数が報道されますが、一方で本当は回復した方の数も毎日増えています。どちらに視点を向けるかによって、心のとらえ方は変わってきます。

感染者の数だけに目を向ければ暗くなりますが、治癒している人たちの方に視点を向ければ、希望が持てますし、恐怖も薄れていきます。しかし、現実にそういうことを言う人はほとんどいません。

私たちのこの命のエネルギーは、宇宙のエネルギーと大調和する一体のエネルギーです。私たちの心という場と、医療従事者という場と、そして日本国という場と地球全体の場、このすべての場のエネルギーとの調和によって、私たちの中に自然治癒力と生命の力が戻ってくるのです。

私たちの心で言うなら、それは愛の力と言ってもいい。愛の力とはすべてと一つになり、すべてを愛することです。

その時に、私たちの大いなる力が内部から溢れ出てきて、全体と調和していくのです。

私たちはそういう宇宙の存在であることを自覚することが、今、この時代に最も必要なことなのです。

【著者プロフィール】

帯津良一（おびつりょういち）

１９３６年埼玉県生まれ。１９６１年東京大学医学部卒業。医学博士。東大病院第三外科医局長、都立駒込病院外科医長を経て、１９８２年、埼玉県川越市に帯津三敬病院を設立、院長となる。西洋医学に中国医学や代替療法など様々な治療法を取り入れ、医療の東西融合という新機軸を基に「ホリスティック医学」を実践、がん治療にあたる。

２００４年には東京・池袋に代替療法を実践する帯津三敬塾クリニックを設立。川越と池袋を拠点に生涯をかけてホリスティック医学を追い求め、気功や太極拳の実践や、講演・執筆活動を通して「攻めの養生」を全国規模で押し進めている。人間まるごとを診るホリスティック医学の第一人者として、日本ホリスティック医学協会名誉会長、日本ホメオパシー医学会理事長などを務め、現在はホリスティック医学をさらに深めた〝大ホリスティック医学〟を提唱するに至る。

著書に『不養生訓』（山と渓谷社）、『健康問答』（五木寛之氏との共書／平凡社）、『がん「余命宣告」でも諦めない』（毎日新聞社）、『呼吸はだいじ』（マガジンハウス）など２００冊以上。

佐藤康行（さとうやすゆき）

1951年北海道美唄市生まれ。YSこころのクリニック代表理事、心の学校グループ創始者。1980年に「ステーキのくいしんぼ」を創業、世界初の立ち食いステーキなど斬新な発想で急成長、8年間で年商50億円（70店舗）を達成した。

その後、自らの直観力と有識者の研究チームによる長年の調査で、すべての事象の源は「人の心」であることを解明。ステーキ事業の経営権を譲渡し、心の専門家として1991年に「心の学校」を創立。メンタルヘルス対策や心の病に絶大な効果がある独自の精神療法「佐藤康行（Yasuyuki Sato）メソッド」を展開し、医療界に革命を起こした。現在このメソッドは一部保険適用となっている。

研修指導の実績は、ANA、富士通、東京海上日動火災など。高校野球優勝校、プロボクシングチャンピオン、力士、マラソン選手なども幅広く指導、研修の参加者は43万人に及ぶ。著書は『うつ病は90日で90%が治る』（ゴマブックス）、『過去は自由に変えられる』（産経新聞出版）、『満月の法則』（サンマーク出版）など300冊以上。

【著者の関連施設ご紹介】

◆がん専門医　帯津良一

帯津三敬病院

〒350-0021

埼玉県川越市大字大中居545番地

TEL：049-235-1981　FAX：049-235-8062

https://www.obitsusankei.or.jp/

帯津三敬塾クリニック

〒171-8505

東京都豊島区西池袋1-6-1 ホテルメトロポリタンB1F

TEL：03-5985-1080　FAX：03-5985-1082

http://www.obitsu.com/

◆心の専門家　佐藤康行

YSこころのクリニック

（精神科・心療内科・メンタルヘルス科・精神腫瘍科）

〒103-0027
東京都中央区日本橋3-2-6 岩上ビル4F
TEL：03-5204-2239　FAX：03-5204-2241
https://shingaclinic.com/
info@shingaclinic.com

YSメンタルヘルス株式会社

〒103-0026
東京都中央区日本橋兜町11-7 ビーエム兜町ビル 3F
TEL：03-5962-3506　FAX：03-5962-3748
https://www.ysmh.co.jp/
info@ysmh.co.jp

がんを消す心の自然治癒力

2020 年 12 月 15 日　第 1 版第 1 刷発行

著　者　帯津良一・佐藤康行
発行者　株式会社アイジーエー出版
〒 103-0026　東京都中央区日本橋兜町 11-7
ビーエム兜町ビル 301 号室
電話　03-5962-3745
FAX　03-5962-3748
ホームページ　http://www.igajapan.co.jp/
E メール　info@igajapan.co.jp
印刷所　中央精版印刷株式会社

ISBN978-4-903546-38-4 C0047